天上深渊

鲁迅十二论

江弱水 著

浙江文艺出版社
Zhejiang Literature & Art Publishing House

图书在版编目(CIP)数据

天上深渊：鲁迅十二论 / 江弱水著．—杭州：浙江文艺出版社，2023.7

ISBN 978-7-5339-7297-4

Ⅰ.①天…　Ⅱ.①江…　Ⅲ.①鲁迅研究—文集　Ⅳ.①K825.6-53

中国国家版本馆CIP数据核字(2023)第118658号

责任编辑　邓东山　张恩惠
责任校对　萧　燕
责任印制　张丽敏
装帧设计　陈义文
封面插画　赵延年
营销编辑　张恩惠
数字编辑　姜梦冉　诸婧琦

天上深渊：鲁迅十二论

江弱水 著

出版发行　浙江文艺出版社
地　　址　杭州市体育场路347号
邮　　编　310006
电　　话　0571-85176953(总编办)
　　　　　0571-85152727(市场部)
制　　版　杭州天一图文制作有限公司
印　　刷　浙江海虹彩色印务有限公司
开　　本　787毫米×1092毫米　1/32
字　　数　139千字
印　　张　8.25
插　　页　5
版　　次　2023年7月第1版
印　　次　2023年7月第1次印刷
书　　号　ISBN 978-7-5339-7297-4
定　　价　68.00元

目　录

一　《呐喊·自序》片论

鲁迅在《呐喊·自序》中所写的幻灯片事件，堪称其一生中的一个戏剧性转折，“既是一次具体动人的经历，同时也是一个充满意义的隐喻”[①]。虽然有人质疑它是否出于虚构，其震撼力和感染力已经使此事件成为几代中国人的心理真实。于是我们完全认可了鲁迅由此得出的如下结论，而不觉有任何不妥：

凡是愚弱的国民，即使体格如何健全，如何茁

① 李欧梵：《铁屋中的呐喊》，尹慧珉译，岳麓书社，1999年，第17页。

> 壮，也只能做毫无意义的示众的材料和看客，病死多少是不必以为不幸的。所以我们的第一要著，是在改变他们的精神，而善于改变精神的是，我那时以为当然要推文艺，于是想提倡文艺运动了。①

在这段文字里，作者将强壮健全的“体格”与麻木愚弱的“精神”对举，而凸显了一个“意义”之有无的问题。其中的逻辑非常清晰：如果一个国民徒有一副健全的体格，而缺乏一种健全的精神，“也只能做毫无意义的示众的材料和看客，病死多少是不必以为不幸的”，于是，意义只存在于精神的层面，它的有无，直接关系到个体生命的存在价值。一旦没有了这个意义，则死不足惜矣。

一、意义从哪里来？

现在的问题，首先是：意义究竟从哪里来？个体生命的意义将如何获得，或者说，该如何赋予？

---

① 本书所引鲁迅文字，均见于人民文学出版社1981年版《鲁迅全集》，页码不再一一标注。——作者注

显然，一个人存在的意义并不能自足、自明，一定要在某种文化体系中，由某种意识形态和价值规范——宗教的、社会的、民族的、家庭的，等等——予以认定。要给你的“活法”一个“说法”，首先就要解释你来到这个世界上的目的，以及此一目的与别人来到这个世界上的目的之间的关系。如果不能够在一个价值的序列与等级的体系中寻找到你的位置及去向，你就是不可理解的。总之，意义不是从天上掉下来的，而是由一个可以进行定位和估价的文明体系为你建构出来的。比如，在古代中国的儒家社会，个人可以在“君君，臣臣，父父，子子”的等级关系中获得其存在的意义，体现出“孝、悌、忠、信、礼、义、廉、耻”等一系列价值。正如在中世纪基督教盛行的欧洲，个人可以在与上帝的关系中体现出自己的意义来。

但是，意义不能够交换。不同的文化体系之间，很难理解对方存在的意义。这里既有古今之异，也有中西之别。二十世纪二十年代，法国诗人瓦雷里（Paul Valéry）有一番话，典型地表明了这种意义的隔膜：

> 由于我们对中国人的认识困惑不解，所以不知道应将他们列在我们的文明体系的什么位置上，虽则我

> 们可以明确界定埃及的、犹太的、希腊的和罗马的文化在文化体系中的地位。我们既不能像他们看待我们一样将他们视为野蛮人，又不能把他们抬到与我们同样骄傲的地位，于是只好把他们列入另一领域，编入另一个历史顺序之中，即将他们划归到实际存在但不可理解却又与我们永远共同生存的一个类别中了。①

一旦划归异类，则越发不可理解。以“霜露所均，不育异类”的成见，异类简直就是“非人的人”，而其历史，也就是黑格尔所谓的“非历史的历史”。比如，在约瑟夫·康拉德的小说《黑暗的心》里，作者这样描写一群白人在刚果河之所见所感：

> 汽船吃力地沿着黑暗的、不可理解的狂暴的边缘缓慢行驶。史前的人在向我们诅咒，祈祷，或表示欢迎——谁说得清是什么？我们被阻断了对周身环境的理解；我们可疑地、偷偷地、形同魅影般滑过，就像

① 瓦雷里：《中国和西方》，见何兆武、柳卸林主编《中国印象——世界名人论中国文化》，广西师范大学出版社，2001年，第85页。

> 正常人面对疯人院里的一场热情的爆发。我们理解不了，因为我们走得太远，我们记不得，因为我们正旅行在洪荒时代的一个夜晚，那已消失了的洪荒时代，消失得不留痕迹，没有记忆。

“史前的人”（prehistoric man），也就是还没有进入意义的建构的人。康拉德几乎在不经意间，就对非洲的历史进行了“非历史化”，同时对非洲人进行了“非人化”（de-humanization）。①

二、被加入“历史”的“国民”

那么，接下来的问题是，鲁迅是依据什么而认定人的意义之有无，并展开对中国人国民性的批判的呢？

由于自甲午战争以来空前的内忧外患不断出现，中国旧文化的基础发生了剧烈动摇，传统的世界观与价值规范濒临崩溃，已经无法赋予中国人的生存以积极的意义。中

① 齐努瓦·阿切比：《非洲的一种形象：论康拉德〈黑暗的心灵〉中的种族主义》，见巴特·穆尔-吉尔伯特等编撰《后殖民批评》，杨乃乔等译，北京大学出版社，2001年，第181—193页。

国知识分子面临思想的转型，借鉴西方文明的标准来反观自身已成必然的趋势。因此，鲁迅对中国人国民性的批判，无疑是建基在以西方为中心的价值体系上的。用不着因此而为鲁迅辩护，因为在他那里，与西方视野相重叠的看法，比比皆是。举例来说，在《随感录四十二》中，鲁迅针对外国人称中国人为“土人”——野蛮人的代名词——而发表意见说：“我们现在，却除承受这个名号以外，实是别无方法。因为这类是非，都凭事实，并非单用口舌可以争得的。”但是，如果从传教士那里去寻找鲁迅对中国看法的根源，则是舍本逐末。[①]要找就得从西方近代思想的主流里去找。众所周知，鲁迅早期思想中占主导地位的，是进化论；并且他对“黑该尔”的“神思宗”也不陌生。正是黑格尔的历史观与达尔文的进化论，形成了瓦雷里所谓“我们的文明体系”的轴心观念。

今天的我们已经不大能想象，在那个超稳定的、不断循环的古代中国社会里，人们的生活意义何在，因为我们已经习惯了历史有目的、在进步。我们已经认定，只有进化的观念才能够赋予生存以意义。杰姆逊（Fredric

① 冯骥才：《鲁迅的功与“过”》，《收获》2000年第2期。

Jameson）认为：

> 尽管达尔文的理论说明生命并不是充满意义的，社会达尔文主义却赋予人类历史以一定的意义，历史被认为是在朝着一定的目标前进。而社会生活中所有的非正义、不平等和痛苦便都因为一个伟大的目标、计划而消失或减轻了。这样，社会达尔文主义便和宗教有了相同之处。宗教建立一个神性的目的，而社会达尔文主义被利用来建立了一个新的目的，不再是宗教，却和宗教有相同的作用，因为它也为个体的生命提供了意义。①

意义存在于历史的进步中，不能体现出进步及其目标的历史产生不出意义。这就是黑格尔为什么把中国以及印度的历史称之为“非历史的历史”的根本原因。（在鲁迅的心目中，也有一个“中国历史的整数”，而“这历史没有年代”）在黑格尔看来，东方的精神不能自省，缺乏普

---

① 杰姆逊：《后现代主义与文化理论》，唐小兵译，北京大学出版社，1997年，第87页。

遍性，无法上升。“中国和印度可以说还在世界历史的局外，而只是预期着、等待着若干因素的结合，然后才能够得到活泼生动的进步。”[①]杰姆逊打趣地问道，这种文化与世界历史还能有什么关系呢？

> 很显然，生活在巴比伦文化中的人不会认为自己的任务就是繁育一些人，然后消灭，让位给新的文化，巴比伦人也是生活在一个完整的文化体系中的，他们认为他们的生活是重要的。而从黑格尔的历史观来看，他们只有一个世界历史作用，那就是繁育，并且发明天文学和数学，然后从地球上消失。[②]

套用这样的说法，则中国人对于世界历史的作用，也只是生一大堆孩子，发明出火药和纸，造出丝和瓷，然后却又并不消失。黑格尔根本否认中国人的精神性，认为“凡是属于精神的一切——在实际上和理论上，绝对没有束缚的伦常、道德、情绪、内在的宗教、科学和真正的艺

---

① 黑格尔：《历史哲学》，王造时译，生活·读书·新知三联书店，1956年，第161页。

② 杰姆逊：《后现代主义与文化理论》，第82页。

术——一概都离他们很远”[1]。为什么呢？因为“我们西方人所称的‘上帝’还没有在东方的意识内实现，因为我们的‘上帝’观念含有灵魂的一种提高，到了超肉体的境界”[2]。可以想见，在他的眼中，中国人只是以肉体的形式存在着，体格健全而精神愚弱，所以“只能做毫无意义的”“材料”。

那么，中国人要想获得积极的意义，就必须加入，或者说，拉入世界历史之中。但不是作为个体，而是作为整个的民族。世界历史是以进化为特征，又以民族为单位的。“合群竞争”的民族才能进入历史，这一观念，经严复、梁启超等人的鼓吹，至二十世纪初已经深入中国人的心。

值得注意的是，幻灯片事件的发生时间，“其时正当日俄战争的时候”。正如以赛亚·伯林（Isaiah Berlin）指出的，“直到1904年日本人战胜俄国造成的巨大冲击之前，欧洲以外的任何人民，都没有使自身作为一个完整意义上

① 黑格尔：《历史哲学》，第181页。

② 黑格尔：《历史哲学》，第157页。

的民族得到过西方的社会或政治理论家的关注"[1]。鲁迅呢，恰恰处在这一巨大冲击中，"我那同学们的拍手和喝采"，表达的正是日本民族登上世界历史舞台的狂喜。令鲁迅更受刺激的是，中国的东北成了这场日俄战争的表演舞台。他久违的许多中国人，夹在日俄两军之间，或被砍头，或看砍头，"一样是强壮的体格，而显出麻木的神情"。

鲁迅对中国人存在意义的拷问，从这特定的时间和特定的场合出发，必然地指向了民族。他用的称谓是"国民"，这是一个后设的名词，被追加了内涵，是民国成立以后从家中"懒洋洋地踱出来"的角色。有着"强壮的体格"的"国民"之所以仍然是"愚弱"的，是因为他们"麻木"于自己的民族认同和国民身份，没有在异族侵凌、同胞受难之时唤醒沉睡的意识，"所以我们的第一要著，是在改变他们的精神"。

这就是鲁迅形成其国民性批判的思想脉络，我们可以清晰地辨认出，它历史地依托于西方近代的观念体系，不

① 以赛亚·伯林：《民族主义：往昔的被忽视与今日的威力》，见《反潮流：观念史论文集》，冯克利译，译林出版社，2002年，第422页。

可避免地打上了西方的烙印。世界性的启蒙主义话语落脚在中国，携带了历史进化与民族解放这些基本要素，而赋予个体生命以存在的意义。想脱离这一话语体系而进行任何意义的建构，绝无可能。

可以设想，如果时间推移到抗日战争年代，当年鲁迅眼里的中国农民，投身到民族救亡的事业中，其存在的意义自然别有分说。1938年英国诗人奥登来到中国战场，写下组诗《在战时》（*In Time of War*），其中第十八首写一位战场上牺牲的中国农民士兵。诗人认为，当这场战争“被整理成书卷”的时候，他的名字，他的模样，都将永远消失，但是——

> 他不知善，不择善，却教育了我们，
> 并且像个逗点一样添加了意义。

不多不少，在历史的宏大叙事里，“像个逗点一样添加了意义”（added meaning like a comma）。在奥登的英国视野里，它具有世界反法西斯战争的意义；在我们的中国视野里，它具有民族反侵略战争的意义。这是无可置疑的。可是，这个意义的获得，与这个人的民族意识的觉醒和国民精神的改变似乎也并不具有必然的联系，因为在诗人笔下，这位中国农民士兵“不知善，不择善”（neither knew nor chose the Good），照黑格尔的说法，其精神还没有取得内在的主动，还缺少主观性的认准，那么，何以仍能“添加了意义”呢？这就不能不让我们怀疑，唯一的意义添加者，只能是掌握话语权的“书卷”的“整理”者，也就是说，所谓意义，首先是一种叙述，一场意识形态的建构。

三、回到个体的存在

最后一个问题是，当鲁迅说“凡是愚弱的国民，即使体格如何健全，如何茁壮，也只能做毫无意义的示众的材料和看客，病死多少是不必以为不幸的”时，他是不是已经将普遍意义凌驾在个体生命之上，为精神而蔑视了肉体呢？显然，这有违人道主义的原则，可是这正是进行历史的宏大叙事时经常表现出来的典型症状。

不妨对照萨义德对马克思的批评来看。当马克思看到印度的传统社会遭到英国人的毁灭时，他提醒我们，那种农业文明的平和安宁的生活方式，其实成了专制主义的牢固基础，人的头脑被封闭在狭小的圈子里，“表现不出任何伟大和任何历史的首创精神”。于是，马克思说：

> 的确，英国在印度斯坦造成社会革命完全是被极卑鄙的利益驱使的，在谋取这些利益的方式上也很愚钝。但是问题不在这里。问题在于，如果亚洲的社会状况没有一个根本的革命，人类能不能完成自己的使命。如果不能，那么，英国不管是干出了多大的罪行，它在造成这个革命的时候毕竟是充当了历史的不自觉的工具。①

萨义德评论说，是什么使得绝不缺乏同情心的马克思放弃了他对印度的苦难的同情呢？一个终极的历史使命，一个抽象的理性形式。“一般意义上的东方比现实存在的人类实体更容易用来证明他的理论。因为在东方与西方之间，如同一个意识到许诺日后必须兑现的宣言一样，只有毫无特色的普遍性才有价值，或者说才会存在。”②

---

① 马克思：《不列颠在印度的统治》，见《马克思恩格斯选集》第2卷，人民出版社，1972年，第68页。

② 爱德华·W. 萨义德：《东方学》，王宇根译，生活·读书·新知三联书店，1999年，第200页。

我们当然能够理解，鲁迅是在深受刺激的情况下说出那“咒诅的言语”的，不应该视之为清醒的理性判断。但无论如何，危险正潜伏于此。“想到人类的灭亡是一件大寂寞大悲哀的事；然而若干人们的灭亡，却并非寂寞悲哀的事。”这是鲁迅在《随感录六十六　生命的路》一开头说的话，可是文章最后，当他重复这个意思时，他借朋友的口说：“这是Natur（自然）的话，不是人们的话。你应该小心些。”在另外一处，针对不长进的民族未必竟至于灭绝的说法，鲁迅回答说：

> “灭绝”这两个可怕的字，岂是我们人类应说的？……“灭绝”这句话，只能吓人，却不能吓倒自然。他是毫无情面：他看见有自向灭绝这条路走的民族，便请他们灭绝，毫不客气。我们自己想活，也希望别人都活；不忍说他人的灭绝，又怕他们自己走到灭绝的路上，把我们带累了也灭绝，所以在此着急。倘使不改现状，反能兴旺，能得真实自由的幸福生活，那就是做野蛮也很好。——但可有人敢答应说“是”么？（《随感录三十八》）

鲁迅这里的“自然”，就是“物竞天择”的那个“天”，其“毫无情面”和“毫不客气”，一如从黑格尔到马克思的所谓“历史”。以一个虚拟的天道而放弃了人道，鲁迅意识到了自己的政治不正确（“你应该小心些”），但是，“着急”二字，全然暴露了他的困窘。二十世纪的中国其实并不存在什么启蒙与救亡的二重变奏，因为归根结底，启蒙就是为了救亡。

虽然在《呐喊·自序》里鲁迅说出这番“不忍”的话，可是具体到小说的写作，即使是对华老栓、单四嫂子和闰土，那些难以赋予其生存以宏大意义的人们，他的同情并没有片刻停止。对苦难与死亡的寂寞与悲哀之情，使鲁迅成不了“革命巨子”。他不是一个容易被堂皇的大词儿骗了去的人。要真正理解鲁迅，不应只是描述他的启蒙话语在现代中国宏大叙事中的位置，而是要辨明他与这些东西之间的距离，即他是如何从意义的追寻与建构出发而回到了个体存在本身的：为什么那些梦想将来的黄金世界的理想家，因为要造那世界，先唤起许多人来受苦？这个“阿尔志跋绥夫式质问”，才是鲁迅在现代中国最独特的意义之所在。

二 《离婚》再解读

一、祥林嫂背后的爱姑

鲁迅小说集《彷徨》中，第一篇是《祝福》，最后一篇是《离婚》。分处首尾的两篇小说，同样以女性为中心形象，受到的关注却大相径庭。不幸的祥林嫂已然成为受政权、族权、神权、夫权四重束缚的旧中国女性的代表，而刁蛮泼辣的爱姑却被深深遮蔽，被绝大多数人遗忘，仅在边缘化的语境中被少数人谈论。

《祝福》和《离婚》，在写《鲁迅批判》的李长之心目中，都属于鲁迅“最完整的艺术”，“有永久的价值”。[1]但不可否认的是，相形之下，作为纯粹悲剧的《祝福》，丰富而深沉，尤令人低回不已。祥林嫂的形象亦更深入人心，得到更多艺术再现和学术讨论。1948年和1978年，两度被改编为越剧（均由袁雪芬主演）而拍成戏曲片。1956年，由夏衍改编、桑弧导演、北京电影制片厂摄制的故事片，赢得了广泛的观众。但《离婚》正如李长之所说的，“以凝练胜”，难以走上银屏。学术研究方面，关于《祝福》的论文之多，也远非《离婚》所能企及。据1984年杭州大学中文系资料室编印的《鲁迅研究资料索引 1975—1983》的统计，这9年间，论《祝福》共131篇，论《离婚》只得寥寥6篇。这一数字对比，可以代表学术界对两篇小说不同的关注程度。

《祝福》的主题，论者很早就形成了共识。苏雪林说：“《祝福》写村妇祥林嫂悲惨的命运，旧礼教及迷信思想之害。”[2]夏志清说：“《祝福》是农妇祥林嫂的悲剧。她被封建和

① 李长之：《鲁迅批判》，北京出版社，2003年，第56页。

② 苏雪林：《〈阿Q正传〉及鲁迅创作的艺术》，原载1934年11月5日《国闻周报》第11卷第44期，引自李宗英、张梦阳编《六十年来鲁迅研究论文选》上册，中国社会科学出版社，1982年，第136页。

迷信逼入死路。”[1]这些评判，与从延安到北京的官方论述无关，但指向已非常鲜明。1956年，刘绶松《中国新文学史初稿》在北京出版，他第一次将祥林嫂的悲剧与毛泽东1927年《湖南农民运动考察报告》中关于中国农民受“政权、族权、神权、夫权”这代表封建宗法的思想和制度的“四条极大的绳索”所束缚的观点结合起来：“《祝福》的主题思想，正是要反映和暴露中国农民——特别是农村妇女在这四种权力束缚下的非人生活和悲惨命运。”[2]这一说法，为政治领袖对文化旗手的推崇找到了新的理据，从此作为高度概括的正统论述而被普遍接受，也强化了“封建社会尽是祥林嫂”这一大众历史想象。

但是，到了二十世纪末，这一说法开始被质疑。高彦颐（Dorothy Ko）在其专著《闺塾师——明末清初江南的才女文化》（*Teachers of the Inner Chambers: Women and Culture in Seventeenth-Century China*, 1995）的绪论中，主张从“五

---

① 夏志清：《中国现代小说史》，刘绍铭等译，友联出版社，1979年，第35页。

② 刘绶松：《中国新文学史初稿》上卷，作家出版社，1956年，第112页。

四”的妇女史观再出发，因为那种以为“封建社会尽是祥林嫂”的看法，乃属“非历史的偏见”，是“政治和意识形态的建构”的结果：

> 总之，封建的、父权的、压迫的“中国传统”是一项非历史的发明，它是三种意识形态和政治传统罕见合流的结果，这三种意识形态和政治传统是“五四”新文化运动、共产主义革命和西方女权主义学说。虽然这些传统为中国的现代性和女性的位置设想出了非常不同的模式，但它们却都对旧中国隔离、扭曲和从属的女性生存状态表示了愤慨。
>
> ……
>
> 我以为，受害的“封建”女性形象之所以根深蒂固，在某种程度上是出自一种分析上的混淆，即错误地将标准的规定视为经历过的现实，这种混淆的出现，是因缺乏某种历史性的考察，即从女性自身的视角来考察其所处的世界。我不赞同“五四”公式并不全因其不“真实”，而是“五四”对传统的批判本身就是一种政治和意识形态建构，与其说是“传统社会”的本质，它更多告诉我们的是关于20世纪中国现

> 代化的想象蓝图。[①]

在祥林嫂的背后，还站着一位爱姑。而后者被冷落甚至遗忘，正是这种意识形态和文学批评理论合谋的结果，是二十世纪中国国家与民族宏大叙事的一个具体而微的案例。即令对爱姑形象的理解本身，虽然有所分歧，但也处处体现了意识形态话语的宰制。

《离婚》写了什么？爱姑是怎样一位女性形象？谭德晶有一个归纳，要言不烦：

> 关于以往对《离婚》主题的拔高和误解，主要在两个方面，第一是拔高了爱姑形象的意义，即认为她是一个新时代下的具有着勇气的反封建的人物形象。第二是认为《离婚》与《伤逝》、《祝福》一样，表现了妇女在“四条绳索”下的悲惨命运，探索了妇女解放问题。对《离婚》主题的这种理解，几乎是众口一

① 高彦颐：《闺塾师——明末清初江南的才女文化》，李志生译，江苏人民出版社，2005年，第3—4页。

词，我们在这里几乎是用不着再具体举例的。[1]

具体举例，当然用得着。先从“拔高”一方面说。第一篇单论《离婚》的文章，是1941年须旅在延安发表的《辛亥的女儿——一九二五年的〈离婚〉》。[2]但这一篇逻辑十分混乱。作者用了这样一个题目，读者大抵会以为，作者是将爱姑视为时代的产儿了，可是作者一开头就说，辛亥革命根本没有改变中国社会，也理都不理中国妇女的命运，爱姑们的反抗是“自发的”，而不是“自觉的”。然后却又说，爱姑敢于提诉讼、争人格，而地主老爷们也把这事作为半合法的讼事来处理，“这说明时代已经进步了”。当然，九十块大洋就被出卖掉人格，“这又说明时代并没有进步”。再后面，作者又称，爱姑的赌气，正是“人格觉醒的萌芽”，毕竟是“当时年青一代的农村男女”。直到最后，作者也还是没有讲清楚，爱姑到底是不是“辛亥的女儿”。按照鲁迅常用的说法，作者“似乎的确”认

---

① 谭德晶：《鲁迅小说与国民性问题探索》，中国社会科学出版社，2004年，第264页。

② 须旅：《辛亥的女儿——一九二五年的〈离婚〉》，见李宗英、张梦阳编《六十年来鲁迅研究论文选》上册，第387—399页。

为是了。

此文产生的影响倒是相当深远，其意指含糊的说法得到后来不少评论者认同。比如，李希凡写道："爱姑敢作敢为，勇于反抗。她明朗的性格，辛辣的言词和坚决的行动，打碎了礼教的枷锁，冲破了夫权的樊篱，挺立在封建权势者面前，一洗所谓柔弱的中国妇女的窠臼，显示了中国劳动妇女的觉醒的萌芽。"于是，他的结论是："爱姑的形象，毕竟预示了一个新时代的成长转换已经开始。"[①]陈鸣树也持同样说法，认为爱姑"这一切，都迸射出了她性格中的火花，同时也有当时时代精神的投影。因为，如果退到辛亥革命以前，爱姑的这种公开的泼辣的反抗行动是不甚可能出现的"[②]。直至1987年，仍然有论者强调："爱姑是一个具有久远艺术生命的令人深思的辛亥革命时代农妇典型。"不过有一点补充说，她的自我意识和抗争行为："固然由于辛亥革命以来新思潮的波及，但也有传统战斗

① 李希凡：《〈呐喊〉〈彷徨〉的思想与艺术》，上海文艺出版社，1981年，第59—61页。

② 陈鸣树：《鲁迅小说论稿》，上海文艺出版社，1981年，第111页。

精神的些微影响。”[①]

再从“误解”一方面说。不同意爱姑身上有新的时代特征，就会将她归入封建旧式妇女的行列，而认定爱姑的命运与祥林嫂并无本质不同。“像爱姑这样的农村劳动妇女，虽在辛亥之后，还是连一点起码的‘人格’也没有争到，她所得到的依旧是被‘休’的命运。”[②]为什么争不到呢？因为敌对的封建势力的压迫，也因为自身的封建观念的制约。陈涌认为：“《离婚》里的爱姑的悲剧，是由于没有真正的觉悟，对于封建主义这个敌人没有真正认识而打算用个人的力量来反抗压迫的失败的悲剧。”[③]林兴宅说，爱姑的阶级意识与她丈夫并无本质区别，遵从一切封建礼仪和礼法，“她的反抗动机只是出出受欺负的气，并没有更高的社会目标，因此她的思想局限性很大”[④]。这局限性表现何在？“爱姑这个受到封建意识钳制的人，她

---

① 孙昌熙、韩日新：《论〈离婚〉——兼谈传统与“拿来”》，《文史哲》1987年第5期，第59页。

② 王尔龄：《论〈离婚〉》，《鲁迅研究文丛》1980年第2期，第234—235页。

③ 陈涌：《鲁迅论》，人民文学出版社，1984年，第61页。

④ 林兴宅：《〈离婚〉与〈小公务员之死〉的比较分析》，《鲁迅研究》1983年第3期，第56页。

所要争取的不可能是得到离婚的自由，而只是想争得封建婚姻底下不过分遭受欺凌和虐待的奴隶地位。”[1]最后的结论甚至可以是这样的：“爱姑闹将起来，并不是反封建，相反倒是维护了封建秩序。在这种基础上的勇敢与泼辣，似乎也没有什么值得肯定之处。”[2]

需要说明的是，对爱姑形象的这两个方面的认识，是因为对小说的阅读有不同的着眼点而导致的。说她是有勇气的反封建的人物者，看重她在事件过程中抗争的表现；说她最终成为封建观念和势力的牺牲品者，看重的是爱姑败下阵来的结局。显然，这是将整篇小说打成两截，未能视之为一个有机的整体。我们可举下面一种说法为证：“我认为，小说的前后两部分描写，不是平行关系、并列关系，而是反衬关系、烘托关系：以前面的强硬，衬托后面的软弱；以前面的大胆，衬托后面的怯懦。前面是次，后面是主。通过这种对比反衬，爱姑的悲剧性表现得越发

---

① 林非：《论鲁迅〈离婚〉艺术技巧的得失》，《河北学刊》1986年第2期，第92页。

② 顾农：《说〈离婚〉》，《语文教学与研究》1982年第4期，第20页。

鲜明而突出了。”[1]但这种割裂的观点实在有问题。鲁迅这篇小说，写来丝丝入扣，人物的心理过程历历可辨，爱姑的强硬与软弱、大胆与怯懦，对象各别，又随不同的场景而相混杂。连七大人的一声“来——兮”使爱姑崩溃，也不是无端的夸张。

综合历来对《离婚》主题的两类理解，可以清楚地看到，两千年封建社会中国妇女地位低下，在政治、经济、社会、教育、婚姻等各方面都处在被压迫和被侮辱的状态，而辛亥革命、五四运动乃至后来的无产阶级革命，才一步一步使中国妇女得到身心的解放，成为毋庸置疑的共识，和论述者们一致预设的前提。如果说爱姑是反抗封建婚姻的代表，那么她必定属于“辛亥”或“五四”的女儿，体现了新时代的精神；如果认为她最终被封建势力压垮，那么她与祥林嫂无异，仍然是旧社会妇女命运的象征。这种粗糙甚至粗暴的批判，既无真正的历史感，也无清晰的现实性，彻底挤掉了对复杂情怀的体验，对丰富文本的解读。

回到鲁迅《离婚》的具体文本，再联系他笔下其他相

---

①冯光廉：《鲁迅小说研究》，天津人民出版社，1989年，第106页。

关的女性形象，且涉及历史文化语境中的别种叙述，我们自然会得出另一番结论。

二、“拄杖落地心茫然”

爱姑是一个有野性的女子，这野性来自不脱农事的乡土，也来自“平时沿海的居民对他都有几分惧怕的自己的父亲”和六个兄弟的撑腰。这一背景决定了她不大可能是一个嫁入夫家后真能低眉顺眼侍奉公婆、心甘情愿屈就丈夫的媳妇，毋宁说，她属于中国古来常见的“辣”且“泼”的一类女子。小说中有一些内容，读者不可呆看：

> 我是有冤无处诉；倒正要找七大人讲讲。自从我嫁过去，真是低头进，低头出，一礼不缺。他们就是专和我作对，一个个都像个“气杀钟馗”。那年的黄鼠狼咬死了那匹大公鸡，那里是我没有关好吗？那是那只杀头癞皮狗偷吃糠拌饭，拱开了鸡橱门。那“小畜生”不分青红皂白，就夹脸一嘴巴……。

“低头进，低头出，一礼不缺”，出自爱姑之口的这些话，岂能不假思索地承认为事实的陈述？至少有可能，她压根儿不曾意识到——或者选择性遗忘了——她泼辣的野性在家庭中所造成的种种龃龉。她的心理聚焦于黄鼠狼咬死大公鸡而被掌嘴一事，这成了爱姑作为受害者的明确无误的标志。但是，诚所谓“清官难断家务事”，清醒的读者也应该狡黠一点地面对文本。“小畜生”姘上了小寡妇，究竟在何种情形下发生？是作为因还是果？读者从下面这两段对话中，会发现真相可能很复杂：

“他那里有好声好气呵，开口‘贱胎’，闭口‘娘杀’。自从结识了那婊子，连我的祖宗都入起来了。”

“那在家里是，简直闹得六畜不安。叫我爹是‘老畜生’，叫我是口口声声‘小畜生’，‘逃生子’。”

我想，如果说两人的行为互为因果，导致矛盾逐步激化而终于破裂，应该更接近事实。爱姑的丈夫和公公在整篇小说里始终都只是“小畜生”和“老畜生”的污名化的存在，而且，无论是曾经爱姑父亲率六兄弟打上门来的“拆灶”之辱，还是眼下“紧挨着门旁的墙壁”站着的

“苍老”之态，都见出他们甚至处在弱势一方。爱姑把夫家“闹得六畜不安”，应属实情。她的一句反问恰好暴露了这实情：

“那个‘娘滥十十万人生’的叫你‘逃生子’?”

我们能相信爱姑没有骂丈夫是“逃生子”吗，既然她大庭广众之下都脱口而出这比“逃生子”更污秽的“娘滥十十万人生”的恶咒？爱姑后来“非常后悔”自己“太放肆，太粗卤”，恐怕真是意识到自己太过分了吧。她本来就是这么过分的。

可是爱姑仍然是可爱的，鲁迅也的确欣赏这样的野性女子。令人讶异的是，像爱姑这样刁蛮泼辣、在家庭中或社会上不让须眉的女性形象，在鲁迅的作品中比比皆是，如《风波》里的七斤嫂、《奔月》里的嫦娥、《理水》里的禹太太等，为数远多于被侮辱、被损害的祥林嫂和单四嫂子。这些女子，全属于《红楼梦》里王熙凤一类的“辣货”——

伊用筷子指着他的鼻尖说，“这死尸自作自受！

造反的时候，我本来说，不要撑船了，不要上城了。他偏要死进城去，滚进城去，进城便被人剪去了辫子。从前是绢光乌黑的辫子，现在弄得僧不僧道不道的。这囚徒自作自受，带累了我们又怎么说呢？这活死尸的囚徒……”（《风波》）

“哼！”嫦娥将柳眉一扬，忽然站起来，风似的往外走，嘴里咕噜着，“又是乌鸦的炸酱面，又是乌鸦的炸酱面！你去问问去，谁家是一年到头只吃乌鸦肉的炸酱面的？我真不知道是走了什么运，竟嫁到这里来，整年的就吃乌鸦的炸酱面！”（《奔月》）

禹太太呆了一会，就把双眉一扬，一面回转身，一面嚷叫道：

“这杀千刀的！奔什么丧！走过自家的门口，看也不进来看一下，就奔你的丧！做官做官，做官有什么好处，仔细像你的老子，做到充军，还掉在池子里变大忘八！这没良心的杀千刀！……”（《理水》）

“这活死尸的囚徒”，“这没良心的杀千刀”，中国历史上，随时都听得到这样的河东狮吼。而“拄杖落地心茫然”也是丈夫们的正常反应。“七斤自己知道是出场人物，被女人当大众这样辱骂，很不雅观，便只得抬头，慢慢地说道……”，这算难得地敢于回嘴了。《肥皂》里的四铭，见太太“陷下的两颊已经鼓起，而且很变了颜色，三角形的眼里也发着可怕的光”，便赶紧改口说，“我也没有闹什么脾气……”。《幸福的家庭》里的主妇，“也是腰骨笔直，然而两手插腰，怒气冲冲的似乎豫备开始练体操”。男主人惹不起，只好抱着孩子躲起来。《奔月》里伟大的后羿，更是彻头彻尾地惧内，对太太嫦娥，是“硬着头皮”才敢回家见，“跟在后面”才敢低声说，赔尽了小心，终究也挽不回那颗奔逸的心。

这些女中“泼辣货”，来自鲁迅对中国现实社会的真切体认，和对古代历史的广泛了解。虽然，总体上两千年来中国的确是夫权制社会，但是，诚如鲁迅《记念刘和珍君》中所谓“中国女子的勇毅，虽遭阴谋秘计，压抑至数千年，而终于没有消亡”，而且在特定的范围内，比如说家庭中，使盛衰易位。古代笑话中，怕老婆总是占一大宗，说明民间的男女关系，本不是“妇者服也”这么教条。帝族、贵族与士大夫惧内之事，也屡见于正史与稗官野史中，以至于胡适尝笑叹，中国怕老婆的故事特多，将来必能民主。谢肇淛《五杂俎》卷八云：“愚不肖之畏妇，怵于秉也。贤智之畏妇，溺于爱也。贫贱之畏妇，仰余沫以自给也。富贵之畏妇，惮勃豀而苟安也。丑妇之见畏，操家秉也。少妇之见畏，惑床笫也。有子而畏，势之所挟也。无子而畏，威之所劫也。”社会生活的具体情形如此复杂，哪里是单一的视角、硬性的理论所能框定的呢？

不错，从1918年的《我之节烈观》，到1925年的《坚壁清野主义》和《寡妇主义》，鲁迅在大量的历史文化批判中，同情中国妇女的苦难命运，抨击禁锢女性思想的封建礼教，呼唤她们的觉醒和解放。鲁迅深刻的理性思考，成为五四时期关于妇女问题的最具力量的启蒙话语。但是，即使在那个时候，鲁迅仍然有一些平情之论，表明了对婚姻与家庭问题与启蒙话语不无抵触的常识判断：“在现在的社会里，不但女人常作男人的傀儡，就是男人和男人，女人和女人，也相互地作傀儡，男人也常作女人的傀儡，这决不是几个女人取得经济权所能救的。”（《娜拉走后怎样》）“即使是贤母良妻，即使是东方式，对于夫和子女，也不能说可以没有爱情。”（《寡妇主义》）在男权统治下，男人也常被女人役使，女人也常有对丈夫的爱情，这种陈述，庶几更接近于历史的真实。

在《〈呐喊·自序〉片论》的最后，我说要真正理解鲁迅，就应该辨别出他的启蒙话语与宏大叙事之间的距离，了解他如何从人的意义的追寻与建构出发而最终回到了个体存在本身。事实上，在鲜活的现实与僵固的理论之间，他总是愿意接受现实的指引。1935年岁末，鲁迅有一篇《阿金》，写“一个貌不出众，才不惊人的娘姨”，呼朋引伴，打架骂街，兼轧姘头，亦“简直闹得六畜不安”。这一下，轮到鲁迅“拄杖落地心茫然”了。他于是感叹说：“不消几日，她就摇动了我三十年来的信念和主张。”这“信念”和“主张”就是：“我以为在男权社会里，女人是决不会有这种大力量的，兴亡的责任，都应该男的负。”鲁迅颇有些郁闷地说：

> 昔者孔子“五十而知天命”，我却为了区区一个阿金，连对于人事也从新疑惑起来了，虽然圣人和凡人不能相比，但也可见阿金的伟力，和我的满不行。我不想将我的文章的退步，归罪于阿金的嚷嚷，而且以上的一通议论，也很近于迂怒，但是，近几时我最讨厌阿金，仿佛她塞住了我的一条路，却是的确的。

其实，爱姑、七斤嫂、嫦娥、禹太太等小说人物，早已堵在了笔直的理论通道上，使鲁迅以一贯的信念和主张而发表的启蒙论述布满了可疑的裂缝。我们熟悉的恩格斯《致玛·哈克奈斯》的信，指出巴尔扎克的小说是“现实主义的最伟大胜利之一”，因为“我所指的现实主义甚至可以违背作者的见解而表露出来”[1]。卢卡契认为：“使巴尔扎克成为一个伟大人物的，是他描写现实时的至诚，即使这种现实正好违反他个人的见解、希望和心愿，他也是诚实不欺的……”[2]鲁迅亦然。爱姑这一形象系列，本来构成了对鲁迅“我还记得中国的女人是怎样被压制，有时简直并羊而不如”（《忽然想到·七》）这一固定想象的消解，但是他至诚的艺术精神并不妨碍自己对现实的尊重与描写。鲁迅说：“愿阿金也不能算是中国女性的标本。”潜藏的意思是不是说，曾经，他是将祥林嫂算作中国女性的标本的；现在，祥林嫂或许不能算，阿金也不能算？说

---

① 恩格斯：《致玛·哈克奈斯》，见《马克思恩格斯选集》第4卷，人民出版社，1972年，第462—463页。

② 卢卡契：《卢卡契文学论文集》第2卷，中国社会科学出版社，1981年，第159—160页。

到底，标本只存在于某种意识形态的理论建构中，它不能够化约无比丰富的历史与现实，也不能够抵达真正的艺术。

三、泼辣货内在的奴性

近年来，随着政治与意识形态逐步淡化，论者对于《离婚》的解读开始不为以往的两类结论所拘囿，而呈现出更广阔的视野，尤其能着重对乡土社会习俗与历史文化生态的考察。谭德晶在《鲁迅小说与国民性问题探索》一书中认为："在《离婚》中，主要是通过'离婚'这样的乡土纠葛，来透视了乡土社会的或一方面：这就是，乡村'公正'的实现，以及在这种'公正'实现中所表现出来的一些特点。"[①]这的确是重启思路的重要观点。冯鸽也说："文本的主旨不应该简单地仅解释为对封建婚姻制度的反抗，而应注意到隐含作者通过文本对于整个中国社会传统礼俗制度和文化心理的深刻反省和批判。"[②]

① 谭德晶：《鲁迅小说与国民性问题探索》，第263页。

② 冯鸽：《启蒙故事的另类书写》，《宝鸡文理学院学报》（社会科学版）2006年第1期，第102页。

《离婚》与鲁迅很多乡土题材的小说一样，深植于地方民俗的厚实土壤中。周作人《五十自寿诗》其二有云：“谈狐说鬼寻常事，只欠工夫吃讲茶。”“吃讲茶”即为旧时绍兴民间广泛流行的习俗。因为婚姻失和、财产分割、名誉或权益受损等产生的种种民间纠纷，双方为讨公道而又不愿打官司，会请地方有地位和声望的乡绅出面“说和”。两造对证，各申其理，听凭调解和裁决。在这样的场合，虽然有所谓“公道自在人心”，但息事宁人往往成为最大的考量。在利益权衡和舆论压力下，期望事情能得到圆满解决。《离婚》就是一场典型的“吃讲茶”的民事纠纷调解。所要求调解人的，是“公道”；所要求当事人的，是“明白”：

“知书识理的人是讲公道话的。”

“七大人是最爱讲公道话的，你们也知道。”

“七大人是知书识理，顶明白的；”她勇敢起来了。

“这也逃不出七大人的明鉴；知书识理的人什么

都知道。”

“你看你的爹多少明白；”

“对呀！七大人也真公平；爱姑也真明白！”

调解人一旦体现了“公道”，当事人一旦“明白”了事理，“和”“解”于焉达成：

“一个人总要和气些：‘和气生财’。对不对？”

“冤仇是宜解不宜结的。”

一桩拖了整三年的离婚，到底被摆平，小说的结局是皆大欢喜的“圆功”：

好容易，庄木三点清了洋钱；两方面各将红绿帖子收起，大家的腰骨都似乎直得多，原先收紧着的脸相也宽懈下来，全客厅顿然见得一团和气了。

当然，《离婚》这篇小说并非以忠实地记录一出乡间的民事纠纷为目的，用李长之扼要的点评就是，《离婚》和《风波》一样，都是“写农民的愚骙和奴性”①。爱姑身上，这奴性在泼辣的外表之下，表现得尤为隐蔽，却也更令人信服。七大人的气场大，把她整蒙了，而她那平时让人怕三分的父亲，在这里也竟说不出话。她终于撑不住，用微细如丝的声音说：

“我本来是专听七大人吩咐……”

这真是一败涂地。照林兴宅早在《〈离婚〉与〈小公务员之死〉的比较分析》中的归纳，这奴性具体展示为对权力与地位的恐惧、崇拜与屈从。“奴性心理已经渗入到社会成员的骨髓，成为一种潜意识。”②谭德晶认为，鲁迅在小说中，“他的主要目的，就是要通过这一事件，表现乡土社会对于‘官’的慑服、幻想和畏惧。这样的主题，是他在《阿Q正传》、《风波》中就已经涉及了的，只不过

① 李长之：《鲁迅批判》，第59页。

② 林兴宅：《〈离婚〉与〈小公务员之死〉的比较分析》，《鲁迅研究》1983年第3期，第61页。

没有像在《离婚》中那样通过一个完整的过程来加以细致的表现罢了”[①]。

在这篇《离婚》中，七大人是个关键人物，属于鲁迅偏好讥讽的地方上“高门大户”的乡绅统治者，具有半官方的背景（因为秀才的骂话“专是见过官府的阔人用的”，阿Q“所以格外怕，印象也格外深”），在乡土社会垄断了知识与道理（爱姑所谓“知书识理的人什么都知道”。“赵太爷钱太爷大受居民的尊敬，除有钱之外，就因为都是文童的爹爹”），具有群氓不可比拟的经验上的“广阔”、见识上的“高明”，但事实上他们无一不是虚骄之徒，知识空疏却又虚张声势（《祝福》里的四叔是“一堆似乎未必完全的《康熙字典》，一部《近思录集注》和一部《四书衬》”，《风波》里的赵七爷则有“十多本金圣叹批评的《三国志》”，均属于“茂才先生”的“博雅”），语言贫乏却又故作深沉（四叔：“可恶！然而……”），又特别喜欢卖弄很可笑可怜的一点点知识，甚至公然捏造事实，来吓唬人（赵七爷编造了话来恐吓七斤嫂：“没有辫子，该当何罪，书上都一条一条明明白白写着的”）。七大人尤

① 谭德晶：《鲁迅小说与国民性问题探索》，第271页。

有进境，他像假洋鬼子一样具有神秘的威严，拥有比四叔和赵七爷更新的话语，与鼻烟壶、洋学堂等等优势装备，能用所谓的“天外道理”，对爱姑所依仗的“三茶六礼”形成降维打击：

> 七大人这才慢慢地说了。“年纪青青。一个人总要和气些：‘和气生财’。对不对？我一添就是十块，那简直已经是‘天外道理’了。要不然，公婆说‘走！’就得走。莫说府里，就是上海北京，就是外洋，都这样。你要不信，他就是刚从北京洋学堂里回来的，自己问他去。”于是转脸向着一个尖下巴的少爷道，“对不对？”

欺侮，歪曲，装腔作势，却说得那么气定神闲。倒是这样一个极富表演性的权势者身上，有了赵太爷、赵七爷和四叔们不曾具有的时代特征。

三　《野草》的自我与叙事及失语

一、我说故我在

> 当我沉默着的时候，我觉得充实；我将开口，同时感到空虚。

《题辞》开头的这两句话，打成了一个结。若想给《野草》解码，先要解开它。

什么是“我”？这要看“我”是什么“我”。如果是佛法中的“我”，此身便是四大和合，如梦幻泡影，毕竟“无我”。如果是弗洛伊德的“我”，那就得分“本我”（id）“自我”（ego）和“超我”（super ego），是本能的暴民和道德的宪兵的合一。如果是拉康的“我”，“我”就是关于“我”的叙事。在拉康看来，人的存在从本质上可以被描述为一种叙事（narrative），一个完整的、有意义的故事（story）。人只有在与他者的复杂联系中，通过话语不断地构建关于自己的各种记忆的连贯叙事，才能够形成自我。只有故事能给予人的生命以意义，也只有叙事使生命的重构成为可能。

拿莎剧为例。奥赛罗是怎么捕获苔丝德蒙娜的芳心的？通过讲故事，讲自己的故事。从童年开始讲起，他怎样历险，怎样遭难，遇见怎样的吃人生番，怎样头长在肩膀下面的妖怪，把个苔丝德蒙娜听得入了迷，出了神，着了道儿。“我讲完自己的故事，/她就用唉声叹气来向我酬谢。”“她谢我，还说我若有朋友爱上她，/只需教他怎样讲我的故事。”奥赛罗向苔丝德蒙娜的父亲承认这是他用过的唯一的妖术，这位父亲也承认：“这一番故事怕我的女儿听了/也会不由自己的。”T.S.艾略特说奥赛罗善于“自我戏剧化”，其实也就是“自我故事化”。宋江动辄撒钱，也必须撒钱，因为他江湖上的人设是“及时雨”。妙玉也只能收五年前梅花上的雪来煮水烹茶，否则便俗了。“君子疾没世而名不称焉”，其实怕不被称的不是名，名只是附着在故事上面的。君子只怕死后他的故事没人讲。难怪哈姆雷特临终要交代霍拉旭，叫他在这个冷酷的世界上多留一些时候，“讲我的故事”。

这样看来，不是人创造了故事，而是故事造就了人。一个个故事，形成了我们一生所走过的路的路标。保罗·利科（Paul Ricoeur）说：“的确，虚构只有在生活中才能完成，而生活只有通过我们讲述的故事才能被理解，那么，借用苏格拉底所使用的这个词的意义来说，一个经审视的生活，就是一个被讲述的生活。”[①]而在著名脑科学家奥里弗·萨克斯（Oliver Sacks）的一本诊所故事集中，有关于这一问题的最集中也最清晰的表述：

> 我们每个人都有一个生命的故事，一个内在的叙事——它的连续性，它的意义，是我们的生命。可以说，我们每个人都在建构着和经历着一种“叙事”，而这种叙事就是我们，是我们的身份。
>
> 我们每个人都是一个独一无二的叙事，不断地，

---

① Paul Ricoeur, “Life in Quest of Narrative”, in David Wood, ed., *On Paul Ricoeur: Narrative and Interpretation*, London and New York: Routledge, 1991, p.31.

> 无意识地被我们建构，通过我们的感知、感情、思想、行动，尤其是通过我们的话语、我们的口头叙述，在我们心里建构。从生物学和生理学的角度上看，我们彼此差别不大；而在历史学的意义上，作为叙事，我们每个人都独一无二。
>
> 要成为自己，得拥有自己——拥有，要么重新拥有，我们的生命故事。我们必须回忆自己，回忆自己内心的戏剧，自己的叙事。一个人需要这样的叙事，持续的内在叙事，来维持他的身份，他的自我。[①]

总之，人的存在本质上可以被描述为叙事，有意义的生命总是故事化的。叙事能够使生命形式具体化。理查德·卡尼（Richard Kearney）在《论故事》（*On Stories*）中说得最到位："未被讲述的生活，等于白活。"[②]所以说，取消叙事，不讲故事，就等于废除了一个人的历史，就不存在一个人的身份。从这个意义上说，笛卡尔的那个公式

① Oliver Sacks, *The Man Who Mistook His Wife for a Hat and Other Clinical Tales,* New York: Simon & Schuster, 1998, pp.110—111.

② Richard Kearney, *On Stories*, London and New York: Routledge, 2002, p.14.

可以修正了：不是“我思故我在”，而是“我说故我在”。

哪怕最卑微、最不幸的人，也需要讲自己的故事。我们可以理解祥林嫂为何要不厌其烦地向人讲述自己的阿毛被狼吃了的悲惨故事了。“这故事倒颇有效，男人听到这里，往往敛起笑容，没趣的走了开去；女人们却不独宽恕了她似的，脸上立刻改换了鄙薄的神气，还要陪出许多眼泪来。有些老女人没有在街头听到她的话，便特意寻来，要听她这一段悲惨的故事。直到她说到呜咽，她们也就一齐流下那停在眼角上的眼泪，叹息一番，满足的去了，一面还纷纷的评论着。”可为什么大家都听熟了，听腻了，祥林嫂还要反复地讲？因为对于她，一个惴惴如在白天出穴游行的小鼠，或呆呆坐着像一个木偶的可怜人而言，她的故事是唯一的方式，能够证明她的存在，何况在讲述中能够缓释她的痛苦。理查德·卡尼说：“故事可用于缓解心灵的痛苦，正如能缓解肉体的痛苦。丧失，困惑，所爱的人不在了，这一切的痛苦都在呼唤着故事。”[①]而伊撒克·迪内森（Isak Dinesen）讲得更直截了当：“所有的悲伤都可以忍受，只要你放到一个故事里讲出来。”《走出非

① Richard Kearney, *On Stories*, p.6.

洲》的作者的这句话，真是深谙人类精神状况的见道之言，难怪为汉娜·阿伦特（Hannah Arendt）所激赏。[①]

不仅一个人要讲故事，一个民族也要讲故事。本尼迪克特·安德森的《想象的共同体》告诉我们，历史叙述对于建构民族想象也是不可或缺的。一个完整的叙事对于建构一个民族和一个人同样适用。而只有叙事，才能够赋予一个人或一群人以确实可靠的身份形式。自我问题归根结底是一个身份问题，而身份是对自身的认知和描述。理查德·卡尼认为："从一开始，人们就编造故事，来填补我们内心的空洞，缓解我们的恐惧，试图回答我们的存在中无法回答的重大问题：我们是谁？我们从哪里来？……"[②]

可是现在，来了这样一位过客，他是这样回答的：

> ——你是怎么称呼的。
>
> ——称呼？——我不知道。从我还能记得的时候起，我就只一个人，我不知道我本来叫什么。我一路

① Hannah Arendt, *The Human Condition*, Chicago: University of Chicago Press, 1998, p.175.

② Richard Kearney, *On Stories*, pp.6–7.

走，有时人们也随便称呼我，各式各样地，我也记不清楚了，况且相同的称呼也没有听到过第二回。

——那么，你是从哪里来的呢？

——我不知道。从我还能记得的时候起，我就在这么走。

——那么，我可以问你到那里去么？

——自然可以。——但是，我不知道。从我还能记得的时候起，我就在这么走，要走到一个地方去，这地方就在前面。我单记得走了许多路，现在来到这里了。我接着就要走向那边去，（西指，）前面！

这真是三问三不知。过客完全说不出自己是谁，是从哪里来，要往何处去，也就根本上勾销了自己的存在。这在《野草》里可不是孤例。《死后》也同样回答不上来这类问题："我梦见自己死在道路上。这是那里，我怎么到这里来，怎么死的，这些事我全不明白。总之，待我自己知道已经死掉的时候，就已经死在那里了。"而在《墓碣文》中，本来应该是略述死者世系、岁月、名字、爵里及生平事迹的墓志，也只残存有限的断烂文句。

总之，《野草》的话语是破碎的、残缺的，反映了叙述者叙事的无能：他讲不出自己的故事了。当一个人独处时，他还可以完全活在自我体认的真实之中。一旦面对外人，面对老翁和女孩，他需要讲述自己的故事，构建一个可以公开的自我时，他忽然痛感内心的空洞，失语了。这就是“当我沉默着的时候，我觉得充实；我将开口，同时感到空虚”。

二、回心的静谧花园

“当我沉默着的时候，我觉得充实”，所谓“充实”即是拥有完整的自我，或者说，拥有对自我的确切体认。但普遍的情况是，世人只有开口叙事，才能形成一个充实的自我。

在奥里弗·萨克斯的诊所故事里，有一种病症叫“科尔萨科夫综合征”（Korsakov's syndrome），也称“遗忘—虚构综合征”，患者健忘，有时间判断障碍，而沉迷于用妄想去填充记忆断片的空白，一逮住听众就会滔滔不绝地讲一些杜撰的故事。很遗憾，作者没有提到陀思妥耶夫斯基小说《白痴》里加里亚的父亲伊沃尔京将军，一个吹起牛来不可自拔到忘乎所以的贪杯者，可谓患有这种症候的标本人物。将军一有人就兴奋，就吹海螺，最夸张的是对梅诗金公爵说，他1812年在莫斯科当过拿破仑的侍童，“是这个伟人夜里哭泣和呻吟的见证人”——可是那一年他还没有生出来呢！“只要看将军阁下的神态便可以断定，他在加工自己的故事过程中得到了多么不寻常的创作乐趣。”[①]不过，将军一边在吹牛，一边却在察言观色，怀疑别人不相信自己说的话。这加重了他的心理负担，只好不断地添油加醋，为自己增加可信度，最后只能到荒腔走板的地步。

能使他从心情到表情都放松的，只有独处。奥里弗·萨克斯生动地描述了他的患者，如何在花园的宁静中恢复了自己的宁静：

> 有别的在场，别人的在场，就会让他兴奋，慌乱，迫使他没完没了地、癫狂地进入社交场上的唠叨，陷入一种不折不扣的谵妄，来为自己制造身份，寻找身份；而植物的出现，静谧的花园，人类之外的秩序，暗示他不用社交，无须应付人，才默许这种身

---

① 陀思妥耶夫斯基：《白痴》，荣如德译，上海译文出版社，2015年，第168—169页。

> 份的谵妄得到放松，平息。花草的宁静，及其非人类的自足和俱全，让他罕见地获得了自己的宁静和完整，也为他提供了契机（绕过无非属于人的身份和关系）与大自然本身进行深深的、默默无语的交流，并借此恢复了在世界上存在的真实感觉。[①]

这就叫“当我沉默着的时候，我觉得充实”。所以《野草》的开篇就是《秋夜》，“夜半，没有别的人”，连天空也仿佛要离开人间而去，只有寂静的后园，里面有枣树、无名的花草、夜游的恶鸟，以及苍翠的小青虫，秋后要有春，春后还是秋，遵循着“人类之外的秩序”（non-human order）。

《野草》是鲁迅精神的静谧花园。鲁迅一生的写作，也可以分成白天和夜晚两部分。在1933年所作的《夜颂》里，他说：

> 人的言行，在白天和在深夜，在日下和在灯前，

① Oliver Sack, *The Man Who Mistook His Wife for a Hat and Other Clinical Tales*, p.115.

> 常常显得两样。夜是造化所织的幽玄的天衣，普覆一切人，使他们温暖，安心，不知不觉的自己渐渐脱去人造的面具和衣裳，赤条条地裹在这无边际的黑絮似的大块里。

从《秋夜》到《希望》，从《好的故事》到《一觉》，鲁迅在自己寂寞的花园、庭院、书斋里，感觉是充实和完整的。用《影的告别》里的话说，“只有我被黑暗沉没，那世界全属于我自己”。竹内好把鲁迅在绍兴会馆里抄古碑的寂寞时光称之为鲁迅的“回心”时刻：“没有任何动作显露于外。‘呐喊’还没有爆发为‘呐喊’，只让人感受到酝酿着呐喊的凝重的沉默。”[①]但鲁迅生涯的各个时段，都曾有这样的寂寞园地和寂寥心境：

> 今夜周围是这么寂静，屋后面的山脚下腾起野烧的微光；南普陀寺还在做牵丝傀儡戏，时时传来锣鼓声，每一间隔中，就更加显得寂静。电灯自然是辉煌

① 竹内好：《近代的超克》，李冬木、赵京华、孙歌译，生活·读书·新知三联书店，2005年，第45页。

> 着，但不知怎地忽有淡淡的哀愁来袭击我的心，我似乎有些后悔印行我的杂文了。（《写在〈坟〉后面》）

> 夜九时后，一切星散，一所很大的洋楼里，除我以外，没有别人。我沉静下去了。寂静浓到如酒，令人微醺。望后窗外骨立的乱山中许多白点，是丛冢；一粒深黄色火，是南普陀寺的琉璃灯。前面则海天微茫，黑絮一般的夜色简直似乎要扑到心坎里。我靠了石栏远眺，听得自己的心音，四远还仿佛有无量悲哀，苦恼，零落，死灭，都杂入这寂静中，使它变成药酒，加色，加味，加香。这时，我曾经想要写，但是不能写，无从写。这也就是我所谓“当我沉默着的时候，我觉得充实；我将开口，同时感到空虚”。（《怎么写（夜记之一）》）

杂文是“开口”的产物，属于公共的话语，出于交往的需要。现在，在独对自己的寂静中，他感觉“已经并非一个切迫而不能已于言的人了”。他只对自己说话，不在乎别人听还是不听，更无所谓别人懂还是不懂。在1919年的“五四”热潮中，鲁迅就写过一篇《自言自语》，自拟为夏夜里独坐乘凉的老头儿，别人在谈闲天，讲故事，“他却时常闭着眼，自己说些什么。仔细听去，虽然昏话多，偶然之间，却也有几句略有意思的段落的”。《野草》承袭的正是这一条暗线，是静谧花园里的喃喃独语。

三、失语之语，不动之动

因为有一个呐喊者的人设，鲁迅总是要写一些“文人学士们当光天化日之下，写在耀眼的白纸上的超然，混然，恍然，勃然，粲然的文章”。但在《野草》中，呈现的却是一个失神、失语的“消极主体”（negative subject），不是在讲故事，而是在消解故事，不是在呈现自我，而是在隐藏自我，正如竹内好说的，他“拒绝成为自己”。这是一种诡谲万端的书写策略与人生态度。尽管从存在的角度，没有人能真正回答自己是谁，从哪里来，到哪里去，可是世俗的答案他是不难给出的。但他就是不给，不给人满足好奇、布施同情的机会，使戏剧的看客们无戏可看。

让看客无戏可看，让听故事的人没有故事可听，更是从根本上取消了叙事的可能，因为讲故事本来就是为了让人听，让人记，让人流传。叙事的意义源于文本世界与读者世界的交集，但鲁迅不想交集，宁愿读者对自己的文字置之不顾，任其消灭，也宁愿自己的文字“速朽”：“我希望这野草的死亡和朽腐，火速到来。”“现在谁也看不见，就是谁也不受影响。好了，总算对得起人了！”

视读者若无物，解除了对听众的叙事负担，我们便看见，在《野草》中，行动总是被延滞，被悬置，被取消。如《求乞者》里：“我将用无所为和沉默求乞”，既不打手势，又不讲话，动作与言语双双归零。又比如《希望》，本来要抗拒和肉薄那空虚中的暗夜，却不知道暗夜在哪里，于是“抗拒”和“肉薄”都实现不了。最不可思议的一幕出现在《复仇》中：

> 然而他们俩对立着，在广漠的旷野之上，裸着全身，捏着利刃，然而也不拥抱，也不杀戮，而且也不见有拥抱或杀戮之意。
>
> 他们俩这样地至于永久，圆活的身体，已将干枯，然而毫不见有拥抱或杀戮之意。
>
> 路人们于是乎无聊；觉得有无聊钻进他们的毛孔，觉得有无聊从他们自己的心中由毛孔钻出，爬满旷野，又钻进别人的毛孔中。他们于是觉得喉舌干

燥，脖子也乏了；终至于面面相觑，慢慢走散；甚而至于居然觉得干枯到失了生趣。

于是只剩下广漠的旷野，而他们俩在其间裸着全身，捏着利刃，干枯地立着；以死人似的眼光，赏鉴这路人们的干枯，无血的大戮，而永远沉浸于生命的飞扬的极致的大欢喜中。

在1934年5月16日致郑振铎的信中，鲁迅提到了这篇十年前所写的《复仇》，说：

不动笔诚然最好。我在《野草》中，曾记一男一女，持刀对立旷野中，无聊人竟随而往，以为必有事件，慰其无聊，而二人从此毫无动作，以致无聊人仍然无聊，至于老死，题曰《复仇》，亦是此意。但此亦不过愤激之谈，该二人或相爱，或相杀，还是照所欲而行的为是。

路人以为“必有事件”，而此二人“毫无动作”，于是乎完成了他们的“复仇”：戏没得看了，叙事被取消了。在《故事新编》的《铸剑》里，也出现过这种几乎无事的戏剧性场面：

> 前面的人圈子动摇了，挤进一个黑色的人来，黑须黑眼睛，瘦得如铁。他并不言语，只向眉间尺冷冷地一笑，一面举手轻轻地一拨干瘪脸少年的下巴，并且看定了他的脸。那少年也向他看了一会，不觉慢慢地松了手，溜走了；那人也就溜走了；看的人们也都无聊地走散。

叙事的本质就在于“事件”和“行动”。从西方文学的源头开始，亚里士多德就认为，艺术的模仿只适合于戏剧，而戏剧（drama）一名恰恰源自希腊语的dran，意思就是“去行动”。汉娜·阿伦特说：

> 这种特殊的人类生活，其出现和消失构成了世间的事件，主要特征就是它本身也充满了各种事件，最后可以讲成故事，构成自传。正是这种生活（bios），不同于纯粹的生命（zōē），亚里士多德才说它“某种程度上是一种行动（praxis）”。[①]

---

① Hannah Arendt, *The Human Condition*, p.98.

保罗·利科也认为：

> 叙事试图以创造性的方式加以模仿的，是行动和痛苦的混合，这构成了生活的基本结构。要记住亚里士多德对叙事的定义，"对一个行动的模仿"。因此，我们必须找到叙事在行动和痛苦的生活体验中找得到的支撑点。[①]

可是现在，《复仇》中的两个人，既不相爱，也不相杀，缺少了"事件""动作"的支撑，叙事便只是状态性的（stative）而非行动性的（active），故事也就无可奉告了。

《野草》中，到处是这种凝固在动作里的雕塑。《死火》里的火的冰，"有炎炎的形，但毫不摇动，全体冰结，像珊瑚枝"。《颓败线的颤动》里的老妇，在深夜的荒野中，伟大如石像，连无词的言语也沉默尽绝。《复仇二》

① Paul Ricoeur, "Life in Quest of Narrative", in *On Paul Ricoeur: Narrative and Interpretation*, p. 28.

里的耶稣，遍地都黑暗了，十字架上的他腹部波动，而身躯不动，在手足的痛楚中，玩味着众人的可悯。即使是《过客》，只得走，息不下，却不知从何处来，向何处去，又何尝不是一尊移动的雕塑？

这一切就像《铸剑》，为砍下国王的头，先砍下自己的头。明明皮肤下有丰沛的鲜红的热血在奔流，却现身以干枯的形体。明明充溢着最高的轻蔑、憎恶、悲悯，却示人以死人似的眼光。明明蕴蓄着最强烈的冲动，却定型于一动不动的雕塑。借用竹内好的话说，这叫作"对行动的异化"：

> 文学是行动，不是观念。但这种行动，是通过对行动的异化才能成立的行动。文学不在行动之外，而在行动之中，就像一个旋转的球的轴心，是集动于一身的极致的静。[①]

《野草》正是写作的一个悖论性的存在。"不动笔诚然最好"，正如"最高的轻蔑是无言，而且连眼珠也不转过

---

① 竹内好：《近代的超克》，第134页。

去”（《半夏小集》），最高的文学便是不写，用禅宗的话头说，写是不写，不写是写。用庄子的《寓言》说，言未尝言，不言未尝不言。一旦动了笔，就是在说话，就有了叙事，便落入下乘。那怎么办呢？《野草》采取了“非常道”的叙事策略，言其不言，写其不写，以“呜呼，我说不出话”，来说自己要说的话。张枣对《野草》的总结很到位：“鲁迅的整个文本，都在很牛地写他的失语。”[①]这些以沉默为底色的失语之语，到处是雕塑的不动之动，正与通篇的“无地之地”“无物之物”，以及“无词的言语”“无血的大戮”，形成完美的同构关系。总之，《野草》把叙事和故事都解构了，却实现了一种非故事的故事，反叙事的叙事。

四、决不粘连的单数

叙事的关键在于行动，《野草》却大幅度取消了行动。故事的焦点在于身份，《野草》也多方面瓦解了身份。本

① 张枣：《〈野草〉讲义》，见颜炼军编选《张枣随笔选》，人民文学出版社，2012年，第135页。

来嘛，“我是谁”的问题，即一个人的身份，在世俗的层面上，总是由一个人的社会关系来决定的，也就是说，一个人的身份是建立在他的社会归属之上的，由他所属的“类”“群”得到说明。身份即认同。英文里的identity，既可译为身份，也能译成认同。单个的人，要通过某种共同的尺度来追寻、确证自己与某一群人的同一性，这样才有希望被纳入一个更大的“群”里，分享其共同的价值观，从而获得一种“群”的身份，不管这个“群”是家族，是阶层，还是民族，怕就怕落了单。

但鲁迅偏偏是一个孤独者，一个落单的人，他的特点就是不合群。李长之说：“鲁迅在性格上是内倾的，他不善于如通常人之处理生活。他宁愿孤独，而不欢喜‘群’。”“这种不爱‘群’，而爱孤独，不喜事，而喜驰骋于思索情绪的生活，就是我们所谓‘内倾’的。”[①]但鲁迅的不合群，既有内倾的性格原因，也跟他早年接受到西方近代个人主义思想的影响有极大的关系。他留日期间所写的《文化偏至论》《摩罗诗力说》和《破恶声论》，便是“任个人而排众数”之作，高张个体的自觉，而抗拒集体

① 李长之：《鲁迅批判》，北京出版社，2003年，第139、142页。

性的目标和价值，痛恶“灭人之自我，使之混然不敢自别异，泯于大群”，排斥与一切非我的虚假同一：

> 真之进步，在于己之足下。人必发挥自性，而脱观念世界之执持。惟此自性，即造物主。
>
> 凡一个人，其思想行为，必以己为中枢，亦以己为终极：即立我性为绝对之自由者也。
>
> 是故将生存两间，角逐列国是务，其首在立人，人立而后凡事举；若其道术，乃必尊个性而张精神。（《文化偏至论》）

这就是鲁迅的“个”的自觉。固然受到章太炎“依自不依他”的观念的启发，但更多是来自尼采等欧洲的思想传统。伊藤虎丸对鲁迅取径于日本的思想谱系进行了梳理后，提出一个最根本性的问题，即“我们每个人是怎样‘自觉’到自己的?”——

> 而在这一点上，欧洲思想和宗教传统所孕育的“近代”精神生活及其产物（近代的各种思想和制度）向我们提示的，就是“人是作为‘个’而被自觉出来

> 的”。就是说，人不是在家族、部族、村落、党派和国家等各个层次上自觉到自己是“社会”的“一员”的（具有责任意识的），而是直接站在绝对者（或“死的威严”）面前，自觉到自己并且具有责任意识的。即对于家族或国家等群体来说，“个人”决不是处在“部分”和“整体”之间的关系上的。这就是人作为“个”的自觉。人有了这种自觉，才能从一切既成的思想和意识形态当中独立出来，才能创造新事物，才能承受苦难、诱惑甚至是死亡和拷问的折磨，获得属于自身的“自由”。①

这种“群”与“个”的分野与对立，在《野草》中有一个具体而微的表现。我们都知道，鲁迅是一个精细的人，写文章极用心，不大可能出错，尤其是低级的文法错误。如果他出错了，而且相同的错误一再出现，那么我们便可以肯定，他是有意的。

比如说，我们写作文，人称要一致，前面用了单数，

① 伊藤虎丸：《鲁迅与日本人：亚洲的近代与“个”的思想》，李冬木译，河北教育出版社，2000年，第181—182页。

后面就不能用复数；前面用了复数，后面就不能用单数。小学生都懂得这个道理。但是，在《野草》中，这种单复数的前后不一致，居然一而再，再而三地出现。最显眼的就是第一篇《秋夜》：

> 枣树，他们简直落尽了叶子。先前，还有一两个孩子来打他们别人打剩的枣子，现在是一个也不剩了，连叶子也落尽了，他知道小粉红花的梦，秋后要有春；他也知道落叶的梦，春后还是秋。他简直落尽叶子，单剩干子，然而脱了当初满树是果实和叶子时候的弧形，欠伸得很舒服。但是，有几枝还低亚着，护定他从打枣的竿梢所得的皮伤，而最直最长的几枝，却已默默地铁似的直刺着奇怪而高的天空……

写到后面，作者莫不是忘了一开头说的，“在我的后园，可以看见墙外有两株树，一株是枣树，还有一株也是枣树”？不会，否则他就不在这里先点明“枣树，他们……”了。但紧接着他就花生两朵，只表一枝，撇下了其中一株，仿佛枣树只是个单数的存在。这只能解释为鲁迅的潜意识里就坚拒合群，认为孤独者才有力量。

《野草》里，这样绝决不粘连的个体，所在多有：

有我所不乐意的在你们将来的黄金世界里，我不愿去。

然而你就是我所不乐意的。

朋友，我不想跟随你了，我不愿住。（《影的告别》）

翁——我单知道南边；北边；东边，你的来路。那是我最熟悉的地方，也许倒是于你们最好的地方。（《过客》）

客——我怕我会这样：倘使我得到了谁的布施，我就要像兀鹰看见死尸一样，在四近徘徊，祝愿她的灭亡，给我亲自看见；或者咒诅她以外的一切全都灭亡，连我自己，因为我就应该得到咒诅。但是我还没有这样的力量；即使有这力量，我也不愿意她有这样的境遇，因为她们大概总不愿意有这样的境遇。（《过客》）

复数迅速变成了单数，极为直观地演示了“人是作为‘个’而被自觉出来的”。过客一样的人，为影子所憎恶的人，给我以同情和布施的人，都不只有一个人，但作者只肯从单体的角度来谈论对方。因为对“群”的存在太敏感、太警惕，所以总是要把“个”从“群”里单独拈出，仿佛不愿意面对任何“众数”。

与个体的自我不一样，“群”强调同一性与归属感，各分子彼此没有面貌的差异，蹲在族群身份和群体价值的模糊影子里，不为祸始，也不为福先。在《随感录三十八》中，鲁迅早就贬斥过一种“合群的自大”。他说，个人的自大，就是独异，是对庸众宣战。合群的自大，是党同伐异，是对少数的天才宣战。合群者属于杜甫《白小》诗所谓“白小群分命，天然二寸鱼”，这种细小微末的东西，钱锺书解释说，是要大伙儿合起来才凑得成一条性命。但在鲁迅眼里，每个人都应该是一个整数，一个独立的存在。

五、难以指名的形象

但整数未必就不会化整为零。通过对叙事的阻碍与消解，和对自我身份的悬置，《野草》表现的是一个并不完整的自我，是“吾”与“我”在分裂状态下的对话。

《影的告别》是一个真实的“我”对另外一个虚假的“我”的告别。影子处于两难的境地，“我不愿彷徨于明暗之间，我不如在黑暗里沉没”。主体分裂成两个“我”，“形”是有着整一的叙事、确定的身份的“我”，是在公众世界中的“我”，是无明的“我”，而“影”是本真的“我”，要回到黑暗中去，不愿在关于自我的虚妄叙事中占一位置。“有我所不乐意的在天堂里，我不愿去；有我所不乐意的在地狱里，我不愿去；有我所不乐意的在你们将来的黄金世界里，我不愿去。”“形”的“我”是与“天堂”“地狱”和“黄金世界”相关联的。在鲁迅看来，那个所谓的“黄金世界”，是一个“夷隆实陷”的世界，是以无数血泪构筑出的虚幻的世界。当“我”以主流的话语进行叙事，“我”就成为所谓“大我”的一部分，那正是“我”所不愿意的，因为那就叫庄子所说的“吾丧我”。

“影”与“形”的告别，是自我的内在分裂和相互否定。这在《墓碣文》中表现得更为明显，也更为恐怖惨烈。“有一游魂，化为长蛇，口有毒牙。不以啮人，自啮其身，终以陨颠。”“游魂”是一个分裂的自我，“于浩歌狂热之际中寒；于天上看见深渊。于一切眼中看见无所有；于无所希望中得救”。这里的“浩歌狂热”，就是在公众世界中，通过这种叙事所构成的自我，融汇到一个“大我”中去，融汇到一种民族或革命的宏大叙事中去。但你的“浩歌狂热”对于我是“中寒”，你的“天上”对于我是“深渊”，你的“一切”对于我是“无所有”，我只能“在无所希望中得救”。

王乾坤解释这几句话说，这是作者用所谓第二双眼睛（或第二视力）观照人生的结果。他借了这第二双眼睛，穿透凡庸的眼光，看到了存在的荒谬：

> 每一句的前一种状态都可以看作经验世界中的“无明”状态、执迷状态，后一种状态是第二双眼睛所看到的真实世界。这段话的落脚处在“于无所希望中得救”。无所希望便是对终极实体希望的消解，是对“有”的洞察。它一方面以“无所有”把“有”消解，同时它并不把“有”一概而“空”掉。①

---

① 王乾坤：《鲁迅的生命哲学》，人民文学出版社，1999年，第332页。

作为认知主体的“我”如果能够感知“我”、分析“我”，那么“我”就变成了客体，也就造成了精神上的分裂。在分裂的自我中，当另一个自我来分析“我”时，本身的公正性、清晰性和科学性是不能保证的，因为它既做客体，又做主体，必然会相互影响：

> ……抉心自食，欲知本味。创痛酷烈，本味何能知？……
>
> ……痛定之后，徐徐食之。然其心已陈旧，本味又何由知？……（《墓碣文》）

这是用最惨怖的方式呈现出来的追寻自我的过程。“就像人只有在无所希望中得救一样，没有究竟的生命之味才是本味，‘抉心自食’‘徐徐食之’的过程就是本味，‘创痛酷烈’本身就是结果；人在创痛酷烈中才能体验到存在，获得本真，才能知本味。”[1]

整本《野草》都是自我的问难与辩驳。若问在这其中

① 王乾坤：《鲁迅的生命哲学》，第333页。

“我”是谁？也许就是过客，但又不只是过客。“过客”与“老翁”和“女孩”是什么关系？首先是鲁迅与他人的关系，但往深层去看，未尝不可以把这三者都视为“我”之本身，只不过分属于“我”的不同面向。当过客问他们“前面是怎么一个所在”时，老翁的回答是“坟”，女孩的回答是“野百合”和“野蔷薇”。而无论是坟是花，都是鲁迅主观之内面精神的分裂。而在这些裂片中，总有一个自我占了上风，那就是更黑暗、更沉寂，也显得更真实的自我。

但是，难道真的有这样一个更真实的自我存在吗？我们真的可以认“沉默”的鲁迅为真实的鲁迅，而“开口”的鲁迅是虚假的鲁迅吗？持“回心”说的竹内好，想必是这样设定的：

> 我想像不出鲁迅的骨骼会在别的时期里形成。他此后的思想趋向，都是有迹可寻的，但成为其根干的鲁迅本身，一种生命的、原理的鲁迅，却只能认为是形成在这个时期的黑暗里。[1]

---

① 竹内好：《近代的超克》，第45—46页。

“根干的鲁迅”“骨骼的鲁迅”，与此相对的，自然会是“枝叶的鲁迅”“皮肉的鲁迅”喽。可这是典型的本质主义的思想方式，任何事物都被分解成多个层面，而认其中某一个或某几个层面为真、某一个或某几个层面为假。所谓“原理的鲁迅”，就是把鲁迅看成有自己秘不示人的源代码，然后，其所有的言行都在这个源代码上运行。可鲁迅的源代码究竟是什么呢？托尼学说？魏晋文章？或者，“就是思想上，也何尝不中些庄周韩非的毒”？我想，鲁迅这个人，也像他所写的小说人物，往往嘴在浙江，脸在北京，衣服在山西，是一个拼凑起来的角色吧？我们是无法找到一个“根干的鲁迅”或“原理的鲁迅”的，不仅因为不见得有，而且因为我们认定的鲁迅的“根干”和“原理”也总是“息息变幻，永无定形”（《死火》），而且“永是生动，永是展开”（《好的故事》），“徐徐幻出难以指名的形象”（《一觉》）。

于是，到头来，我们从拉康的自我又转回到佛家的自我。事实上，这两种自我本来就是殊途同归，而同归于虚无。佛教讲“诸法无我”，“他们认为流变的形成物是那些似乎存在的一切不存在的短暂存在，既没有永久性也没有同时性，没有一个固定点。自我就是自称为自我的短暂而又变化无穷的幻影。”[①]而拉康的“主体”或“自我”也是流动的、虚妄的，要依靠主体的想象才不断创造出统一性与连续性。在拉康看来，当幼儿从镜中看见自己的形象并第一次认定为“我”时，“这些瞬间创造出来的统一体，以及作为不断创造出来的自我，都是些虚幻之物，都是为化解人类生存中无法逃脱的匮乏、缺席与不完整性所作出的努力而已”[②]。所以说，拉康的自我同样是由各种镜像构建起来的，借用《死火》里的表述，它们都是“映在冰的四壁，而且互相反映，化成无量数影”。

《野草》中的形象是凝定的、坚固的，同时又是流动的、变化的，也许从根本上来说是虚无的。竹内好说《野草》中的各篇，“就像一块磁石，集约性地指向一点。这是什么呢？靠语言是表达不出来的。如果勉强而言的话，那么便只能说是‘无’”[③]。《野草》里的鲁迅，不断地在

① 卡尔·雅斯贝尔斯：《苏格拉底、佛陀、孔子和耶稣》，李瑜青、胡学东译，安徽文艺出版社，1991年，第55页。

② 马尔科姆·鲍伊：《雅克·拉康》，见约翰·斯特罗克编《结构主义以来——从列维·斯特劳斯到德里达》，渠东等译，辽宁教育出版社、牛津大学出版社，1998年，第137页。

③ 竹内好：《近代的超克》，第99页。

将自我的社会面清零，而突出其“内曜”与“灵明”。他似乎总是在做减法，削减一切多余的东西，削减动作，削减事件，削减叙事，不断内敛、收缩，结果成为了黑洞式的存在。一种超级致密天体，体积趋于零，而密度无穷大，有着超强的吸引力，物体只要一接近就会被吞噬，连光线也无法逃逸。用《影的告别》里的话再说一遍：“只有我被黑暗沉没，那世界全属于我自己。”

四 《野草》的视觉艺术

韩南（Patrick Hanan）在其论文《鲁迅小说的技巧》末段的一个脚注里写道："对鲁迅来说，视觉艺术和文学差不多具有同等意义。如果说他对这两个领域的趣味毫无联系，那倒是奇怪的事。他对漫画、动画、木刻的提倡肯定超过了它们的实际效果。他的短篇小说的深刻的单纯和表现方法的曲折也许正可以和这些艺术形式单纯的线条及表现的曲折相比美。"[①]他只提到鲁迅的《呐喊》与《彷徨》。李欧梵在《鲁迅与现代艺术意识》一文里，特别谈

① 韩南：《鲁迅小说的技巧》，见乐黛云编《国外鲁迅研究论集（1960—1980）》，北京大学出版社，1981年，第332页。

起鲁迅的《野草》："读《野草》中的散文时，时常使我想到画和木刻，这恰好印证了鲁迅文字中丰富的视觉感，所以在鲁迅的创作中文学和美术毕竟还是有相通之处。"[①]

鲁迅的《野草》充满了强烈的令人惊异的视觉形象，读者都有同感；这些非凡的视觉形象与作者的美术活动有密切的联系，学者也有共识。结论已经非常确定了，可问题是，达致这样一个结论仅仅凭借直觉是远不能令人满意的，还需要有具体的分析论证。《野草》的一系列画面与鲁迅一生关注的木刻艺术之间究竟有怎样的同构关系？这当然是一个首先要去解决的问题。其次，鲁迅的美术修养并非只局限于木刻及版画，比如他与传统中国画也有着绝非泛泛的联系，那么他《野草》中的文字会不会也留下一些借鉴的痕迹呢？为此也应细加寻索。最后，推开一层去，除了美术活动，难道文学的阅读经验本身就不曾给鲁迅处理其视觉形象施加某种决定性的影响吗？从《野草》出发，我们要指出那最为显著的影响的来源。

针对这三方面的问题，本文试图一一举证，比较深入

① 李欧梵：《铁屋中的呐喊》，尹慧珉译，岳麓书社，1999年，第255页。

而全面地探讨鲁迅的《野草》在视觉艺术上的诸多特色及其形成的原因。焦点固然是《野草》，但我也会不时引证鲁迅的小说文字，以支持自己的判断。

一、黑白木刻的影、线、形

鲁迅与中国现代美术发生密切联系，绝大部分是由于他对木刻的特殊兴趣。广义的版画中他尤重木刻，而那个时代，“色刷木刻（即套色木刻）在中国尚无人试过”（1935年1月4日致李桦信），因此鲁迅所谓木刻，事实上指的就是黑白木刻。讨论他的文字所体现出来的卓越的视觉艺术，首先就得考察它们与黑白木刻之间的相通相应。这相通相应之处，李欧梵在《鲁迅与现代艺术意识》一文里已经作了初步的探讨，那便是鲁迅再三申说的黑白木刻的两大要领——线条与明暗，以及李欧梵补充的第三点，人物造型。

先说明暗。鲁迅曾说，因为木刻属于绘画，所以西洋的透视法当然是要紧的。“还有要紧的是明暗法。木刻只有白黑二色，光线一错，就一榻胡涂。现在常有学麦绥莱尔的，但你看，麦的明暗，是多么清楚。”（1936年4月1

日致曹白信）不仅对自己推崇的麦绥莱尔，对其他木刻家，鲁迅的欣赏也特别从此处着眼。1929年他为《近代木刻选集》（2）所写的“附记”，摘录原来的解说而讲了八位艺术家的好处，却简直是一篇“黑白颂”，兹举三人为例：

> 格斯金（Arthur J. Gaskin），英国人。他不是一个始简单后精细的艺术家。他早懂得立体的黑色之浓淡关系。

> 杰平（Robert Gibbings）早是英国木刻家中一个最丰富而多方面的作家。他对于黑白的观念常是意味深长而且独创的。

> E. Powys Mathers的《红的智慧》插画在光耀的黑白相对中有东方的艳丽和精巧的白线底律动。他的令人快乐的《闲坐》，显示他在有意味的形式里黑白对照的气质。

有一个细节也可反映鲁迅对黑白配列的情有独钟：他

是一份日本木刻杂志《白と黑》的订户之一，这份杂志的发行量却不过六十册，也许好就好在它的名字单纯而醒豁吧。鲁迅对这种黑与白强烈对比的喜好，并不限于木刻作品。他之所以印“作黑白画的艺术家”比亚兹莱（Aubrey Beardsley）的画选，不也是因为喜欢那种“黑白底锐利而清楚的影和曲线”（《〈比亚兹莱画选〉小引》）吗？

这样我们也就毫不奇怪，为什么鲁迅的《野草》中，会出现如此逼肖黑白木刻的人物素描：

> 老翁——约七十岁，白须发，黑长袍。
>
> 女孩——约十岁，紫发，乌眼珠，白地黑方格长衫。
>
> 过客——约三四十岁，状态困顿倔强，眼光阴沉，黑须，乱发，黑色短衣裤皆破碎，赤足著破鞋，胁下挂一个口袋，支着等身的竹杖。

完全可以套用鲁迅评论木刻作品的话：“别看此画刀法单调，但它黑白对比强烈而又简练，这不是容易办到的。”①“我看先生的木刻，黑白对比的力量，已经很能运用的了。”（1934年3月28日致陈烟桥信）这种力量，同样见诸“仿佛木刻似的”头发全白、瘦削的脸上黄中带黑的祥林嫂，以及苍白的长方脸加又浓又黑的眉毛的吕纬甫。

在《野草》那么多的二元对立中，作者在《题辞》里首先揭出的，正是“明与暗”。他自称“我常觉得惟‘黑暗与虚无’乃是‘实有’”（《两地书·四》）。因此在鲁迅的笔下，黑暗已经成了有质感与重量、因黏稠而淤积的实体。“过客向野地里跄踉地闯进去，夜色跟在他后面。”（《过客》）“夕阳居然西下，灯火给我接续的光。各样的青春在眼前一一驰去了，身外但有昏黄环绕。”（《一觉》）都令人感到那黑暗的具体存在。而在浓重的黑色背景之上，强烈的光线分外触目地降临：《失掉的好地狱》里，昏昧的地狱被魔鬼遍身的大光辉彻照；《颓败线的颤动》里，深夜荒野中裸立的母亲被虚拟的记忆之光“于一刹那间照见过往的一切”，她的身躯的颤动“辐射若太阳光”，而“我”的梦魇也为“如银的月色”所穿透。这样

① 张望：《一段回忆》，见钟敬文、林语堂等《永在的温情——文化名人忆鲁迅》，河北教育出版社，2000年，第193页。

的视觉效果，不能不叫人联想到鲁迅所倾心的木刻艺术，特别是珂勒惠支的作品。只要对比一下鲁迅在《〈凯绥·珂勒惠支版画选集〉序目》中为珂氏几幅图版亲手写的解说，就不难发觉二者在光与影的安排上如出一辙：

> 周围的破屋，像积叠起来的困苦的峭壁，上面只见一块天。狂暴的人堆的臂膊，恰如净罪的火焰一般，照出来的只有一个阴暗。（《断头台边的舞蹈》）

> 大家都在一个阴暗的圆洞门下武装了起来，从狭窄的戈谛克式阶级蜂涌而上：是一大群拚死的农民。光线愈高愈少；奇特的半暗，阴森的人相。（《圆洞门里的武装》）

> 只在隐约看见尸横遍野的黑夜中，有一个妇人，用风灯照出她一只劳作到满是筋节的手，在触动一个死尸的下巴。光线都集中在这一小块上。（《战场》）

经常从这些地方着眼，是因为向来对此种问题留心。鲁迅的文字正如他所说的珂勒惠支那样，“尤其对于光线的聚散，布置得非常有力”[①]。

明暗之外，再说到线条。鲁迅的小说最善于白描手法，这术语原本是从中国画而来。但即使不从比喻的意义上使用它，我们也可以据以说明鲁迅对于瘦硬苍劲的线条的偏爱。小说中给人印象最深的，要数《药》的结尾“枯草支支直立，有如铜丝”，《伤逝》的开头挂着一房一房紫白色藤花的“铁似的老干”，还有《在酒楼上》的中间“窗外沙沙的一阵声响，许多积雪从被他压弯了的一枝山茶树上滑下去，树枝笔挺的伸直，更显出乌油油的肥叶和血红的花来”。散文诗《野草》中，这铜丝铁干似的线条也不鲜见：《秋夜》里“落尽叶子，单剩干子”的枣树“最直最长的几枝，却已默默地铁似的直刺着奇怪而高的天空”，《风筝》里“灰黑色的秃树枝丫叉于晴朗的天空中”，以及《死火》中“上升如铁线蛇”的烟缕，《一觉》中在不动的空气中上升的“烟篆”，等等。

鲁迅意想之中的“铁线蛇”，是否仅仅像他在《〈蕗谷虹儿画选〉小引》里说的，“以纤细为生命”的蕗谷虹

① 1936年10月8日鲁迅在中华全国木刻第二回流动展上的谈话，引自王观泉《鲁迅美术系年》，人民美术出版社，1979年，第244页。

儿所谓“我所引的描线，必需小蛇式的敏捷”呢？考虑到鲁迅别处提到的“铁线描”，恐怕也还是很有劲道的笔触吧。他在1934年4月3日致魏猛克信中写道：

> 毛笔作画之有趣，我想，在于笔触；而用软笔画得有劲，也算中国画中之一种本领。粗笔写意画有劲易，工细之笔有劲难，所以古有所谓“铁线描”，是细而有劲的画法，早已无人作了，因为一笔也含胡不得。

虽然讲的是中国画，但鲁迅对木刻的要求，也一样是线条“有劲”，即所谓“请公放笔为直干”的“有力之美”（《〈近代木刻选集〉（2）小引》）。

至于人物造型，像《颓败线的颤动》里“赤身露体地，石像似的战在荒野的中央”的垂老的女人，《复仇》里“裸着全身，捏着利刃，干枯地立着”的一男一女，还有那“举起了投枪”的战士，处处唤起我们像李欧梵一样的感觉：“不禁在脑海里看到一幅黑白的木刻。”鲁迅既偏爱铜丝铁干般的线条，也偏爱石雕铁铸似的造型。《药》结尾的那只缩着头“铁铸一般站着”的乌鸦，《理水》里“一排黑瘦的乞丐似的东西，不动，不言，不笑，像铁铸的一样”的禹的随员，以及“身子是岩石一般挺立着”、拈弓搭箭的后羿，都足以为证。

鲁迅并非不会欣赏风格柔软而清新的木刻或版画，但是从以上三个方面的分析来看，他显然对那些刚健有力、瘦硬通神的作品更易产生共鸣。他的木刻活动集中在上海的十年里，那么，我们可不可以说《野草》的写作是受到他所偏爱的木刻艺术的影响呢？我愿意将自己的结论放在两者之间视觉感的相通相应上，至于是鲁迅独特的文学想象决定了他的艺术趣味，还是他独特的艺术趣味影响了他的文学想象，这一点也许并不重要。

二、中国画的设色与构图

鲁迅对木刻的大力提倡是众所周知的，相比之下，他与中国画的关系就很少有人关注。在公开的场合，鲁迅对传统中国画评价不高，曾对“古人作画，除山水花卉而外，绝少画社会事件”[①]深致不满。但是，诚如李欧梵在

① 1930年2月21日鲁迅在艺术大学的演讲，引自王观泉《鲁迅美术系年》，第46页。

《鲁迅与现代艺术意识》一文中敏锐察觉到的，鲁迅的艺术趣味“在公和私、社会和个人两方面存在了相当程度的差异和矛盾”[1]。对中国画的喜爱，就属于这私的一方面的个人趣味。即使在三十年代对木刻大事张扬的同时，他也没有停止过购买中国画画册，并在通信里老到地品评旧日画家。事实上，鲁迅岂止是一般的欣赏者，他与传统中国画在现代开始变革时期的一个关键性人物有着极深厚的交谊，故其对国画的了解自非泛泛。这里指的是陈师曾。

义宁陈衡恪，字师曾，陈散原之子，陈寅恪之兄，可是他与鲁迅在一起的时间，实在远过其与父兄。在南京矿路学堂，他们就是同学。1902年，两人又同船去日本，后在东京巢鸭弘文学院同学。民国成立后不久，鲁迅与陈师曾又先后到北京，在教育部同事十年，直至师曾1923年去世。北京时期的鲁迅日记里，陈师曾是出现最频繁的名字之一。他们常常一起逛小市、看画帖、交换碑拓，一个月总要聚首那么几次。

“五四”之前，鲁迅在文坛尚籍籍无名，陈师曾却已经确立了其在画坛的大师地位。梁启超就说：“陈师曾在

---

① 李欧梵：《铁屋中的呐喊》，第235页。

现在美术界，可称第一人。无论山水花草人物，皆能写出他的人格。”[1]周作人也认为：“陈师曾的画世上已有定评，我们外行没有什么意见可说。在时间上他的画是上承吴昌硕，下接齐白石，却比二人似乎要高一等，因为是有书卷气。”[2]据徐梵澄《星花旧影》回忆，鲁迅说陈师曾的画“是好的”，其刻图章也“不坏”。[3]他口中的“是好的”与“不坏”，殊不平常，因为照鲁迅的说法，像沈尹默的字，像《彷徨》的技术，也只叫作“不坏”而已。

因为有这样一位书画篆刻家朋友在身边，周作人开玩笑说，大家都打算慢慢“揩他的油”。据鲁迅日记，陈师曾给鲁迅刻过多方印章。画则或赠或索，颇有几幅：“陈

① 梁启超：《师曾先生追悼会上演说》，引自张少侠、李小山《中国现代绘画史》，江苏美术出版社，1986年，第20页。

② 周作人：《鲁迅的故家》，河北教育出版社，2002年，第249页。

③ 徐梵澄：《星花旧影》，见北京鲁迅博物馆鲁迅研究室编《鲁迅研究资料》第11辑，天津人民出版社，1983年，第164页。当然，鲁迅对陈师曾的评价并非都这样“低调”，只是因为喜欢版画，激赏遂集中于陈的画笺。1933年鲁迅在《〈北平笺谱〉序》中写道：“及中华民国立，义宁陈君师曾入北京，初为镌铜者作墨合，镇纸画稿，俾其雕镂；既成拓墨，雅趣盎然。不久复廓其技于笺纸，才华蓬勃，笔简意饶，且又顾及刻工省其奏刀之困，而诗笺乃开一新境。”1928年2月1日鲁迅寄李霁野信，想找一张陈师曾的花卉笺纸做《朝花夕拾》的封面，后因找不到合适的，才托了陶元庆设计，可见其对陈的画念念不忘。

师曾为作山水四小帧，又允为作花卉也”（1914年12月10日）；“午后陈师曾为作冬华四帧持来”（1915年2月2日）；“师曾赠自作画一枚”（1917年1月26日）；“午后从陈师曾索得画一帧”（1921年1月10日）。可以想象，从小就描了那么多画谱的鲁迅，与这样一位友人长年共处，濡染之下当别具只眼，笔端文字也常带墨意，就一点也不值得奇怪了。

陈师曾的画以山水花卉最负盛名。鲁迅从来对山水没感觉，可自小就喜欢花谱，所以陈的花卉大约特别受他垂青。不妨先来看他《雪》中的一段描写：

> 雪野中有血红的宝珠山茶，白中隐青的单瓣梅花，深黄的磬口的腊梅花；雪下面还有冷绿的杂草。胡蝶确乎没有；蜜蜂是否来采山茶花和梅花的蜜，我可记不真切了。但我眼前仿佛看见冬花开在雪野中，有许多蜜蜂们忙碌地飞着，也听得他们嗡嗡地闹着。

设色之浓艳，恰似受色彩富丽的晚年吴昌硕所影响而更趋极致的陈师曾的画风。有论者说，陈师曾比齐白石更善于发挥鲜艳颜色的长处，大红大绿的色彩只有他敢用。

而鲜艳的颜色，鲁迅也一样敢用，比如《好的故事》里的这些画面：

> 河边枯柳树下的几株瘦削的一丈红，该是村女种的罢。大红花和斑红花，都在水里面浮动，忽而碎散，拉长了，如缕缕的胭脂水，然而没有晕。茅屋，狗，塔，村女，云，……也都浮动着。大红花一朵朵全被拉长了，这时是泼剌奔迸的红锦带。

吴昌硕说："师曾老弟，以极雄丽之笔，郁为古拙块垒之趣，诗与书画下笔纯如。"胡佩衡也道："他画花卉痛快淋漓，气势磅礴，用笔飞舞健爽，用墨又能燥温浓淡任意挥洒，用色厚郁绮丽。"[1]说到"雄丽"与"厚郁"，小说《在酒楼上》的废园一景，真当得起这样的形容：

> 几株老梅竟斗雪开着满树的繁花，仿佛毫不以深冬为意；倒塌的亭子边还有一株山茶树，从暗绿的密

① 王伯敏主编《中国美术通史》第7卷，山东教育出版社，1988年，第118页。

> 叶里显出十几朵红花来，赫赫的在雪中明得如火，愤怒而且傲慢，如蔑视游人的甘于远行。

陈师曾的“冬华四帧”不知是怎样的，鲁迅写冬天的花儿总是特别出色，是最好的文人画，气骨遒劲，精力饱满，而又色泽明艳，大红大绿适成大俗大雅。

雅而能俗的陈师曾，又是中国漫画的始创者。他在教育部与鲁迅共事的日子，曾作《北京风俗图》三十余幅，名重天下。试看《风筝》中的这段文字：

> 故乡的风筝时节，是春二月，倘听到沙沙的风轮声，仰头便能看见一个淡墨色的蟹风筝或嫩蓝色的蜈蚣风筝。还有寂寞的瓦片风筝，没有风轮，又放得很低，伶仃地显出憔悴可怜模样。但此时地上的杨柳已经发芽，早的山桃也都吐蕾，和孩子们的天上的点缀相照应，打成一片春日的温和。

色调素淡，逸笔草草，温和的心境透出几许寂寞清寒，免不了叫人想到丰子恺。但据丰子恺自己说：“大约是前清末年，上海刊行的《太平洋报》上，有陈师曾先生的即兴之作，小形，着墨不多，而诗趣横溢。”“当时虽不称为漫画，其实已是一种漫画。”[①]当日鲁迅常到陈师曾的寓所，应当熟悉后者的那些《北京风俗图》，以至有深刻印象也未可知。

陈师曾是吴昌硕的入门弟子，但他要求于文人画的“学问”与“思想”，为一般画师所不能到，包括吴昌硕。周氏兄弟也许都更看重陈师曾笔下的“书卷气”吧，所以鲁迅对吴昌硕这位浙籍同乡似乎并不推重。1924年他在《论照相之类》中写道：“假使吴昌硕翁的刻印章也算雕刻家，加以作画的润格如是之贵，则在中国确是一位艺术家了，但他的照相我们看不见。”语气总不大肯定。相形之下，他对受陈师曾无私帮助而画艺大进的齐白石，却几次连带地表示了赞赏，编《北京笺谱》时收其作品颇多，所以对齐白石的画风本不陌生。明乎此，大家对于《秋夜》最后那色调鲜明的一景，应当别有会心了：

那罩是昨晚新换的罩，雪白的纸，折出波浪纹的

① 丰子恺：《丰子恺文集　艺术卷4》，浙江文艺出版社、浙江教育出版社，1990年，第202、264页。

叠痕，一角还画出一枝猩红色的栀子。……那老在白纸罩上的小青虫，头大尾小，向日葵子似的，只有半粒小麦那么大，遍身的颜色苍翠得可爱，可怜。

显然，这只能是一幅中国画，一幅标准的齐白石的画。白纸罩的底子，一枝猩红色的栀子，几粒苍翠而精致的小虫子，这样的设色与构图，如果说与齐白石那些给人印象最深刻的，写意花卉加工笔昆虫的绝妙小品具有同构关系，想必不为臆断吧？

鲁迅1933年《赠画师》一绝云："愿乞画家新意匠，只研朱墨作春山。"朱墨作春山是没道理的，正如猩红色画栀子花也没道理一样。要讲道理，只好说鲁迅"近朱者赤，近墨者黑"，其文字乞灵于陈师曾之处，可以说色相未泯，形迹俱在。

三、长吉诗的凝重而流动

《野草》的诗句，给读者的印象往往相通。夏济安说：除《我的失恋》之外，"其余的都是具体而微的好诗：带着浓烈沉郁的感情的意象，行止于幽幽放光，但形式奇特的字行间，宛如找不着铸模的熔融的金属一般”[①]。钱理群也说：“既似凝固，又非凝固，既似流动，又非流动，《野草》的语言因此而获得了某种魔力。”[②]两人的感觉完全一致，都认为《野草》是某种凝止与流动的形态的奇妙结合。

这种凝而欲流、行且又止的视觉形象，可另由《补天》里的两段文字得到最直观的说明：

> 粉红的天空中，曲曲折折的漂着许多条石绿色的浮云，星便在那后面忽明忽灭的映眼。天边的血红的云彩里有一个光芒四射的太阳，如流动的金球包在荒古的熔岩中；那一边，却是一个生铁一般的冷而且白的月亮。

> 大风忽地起来，火柱旋转着发吼，青的和杂色的石块都一色通红了，饴糖似的流布在裂缝中间，像一条不灭的闪电。

---

① 夏济安：《鲁迅作品的黑暗面》，见《夏济安选集》，辽宁教育出版社，2001年，第18页。

② 钱理群：《心灵的探寻》，北京大学出版社，1999年，第283页。

李欧梵从这些文字里见出“颓废之美”，并由此而联想到克里姆特和比亚莱兹的画风。可是，从视觉艺术的角度出发，它们首先令人想到的，应该是鲁迅所受的李贺诗的影响。

鲁迅晚年曾说：“我是散文式的人，任何中国诗人的诗，都不喜欢。只是年轻时较爱读唐朝李贺的诗。他的诗晦涩难懂，正因为难懂，才钦佩的。现在连对这位李君也不钦佩了。”（1935年1月17日致山本初枝信）晚年不再钦佩，这话应是说笑，因为据正是晚年相交的徐梵澄回忆，鲁迅评诗“最好的是李长吉”，并且对他的辞藻意境极为敏感。[①]现已收集到的鲁迅书赠友人的古诗文二十多幅，其中全录或摘录长吉诗的便有四幅：《开愁歌》、《南园十三首》其七、《感讽五首》其三及《绿章封事》。由这些诗句可以看出，鲁迅引为同调的，是长吉时时宣诸笔端的那种牢落不平之慨。可是，从小耽读李贺诗的一个明显的结果是，鲁迅的文字往往打上李长吉的烙印。他的旧体诗是从屈骚而下到李贺的一路，已成学界共识；而他的新文学

① 徐梵澄：《星花旧影》，见《鲁迅研究资料》第11辑，第163页。

作品所受"这位李君"的影响，却少有人论及。在这一点上，《野草》堪称一个标本，但我仍不妨从《补天》的那两段文字说起。

天空中"曲曲折折的漂着许多条石绿色的浮云"，太阳"如流动的金球包在荒古的熔岩中"，石块熔化成岩浆"饴糖似的流布在裂缝中间，像一条不灭的闪电"，这些形象，全都使用了李贺诗的"注册专利"。钱锺书《谈艺录》论长吉诗一节，拈出其艺术上的一大特色，即是能够"变轻清者为凝重，使流易者具锋芒"。他说：

> 长吉化流易为凝重，何以又能险急？曰斯正长吉生面别开处也。其每分子之性质，皆凝重坚固；而全体之运动，又迅疾流转。故分而视之，词藻凝重；合而咏之，气体飘动。此非昌黎之长江秋注，千里一道也；亦非东坡之万斛泉源，随地涌出也。此如冰山之忽塌，沙漠之疾移，势挟碎块细石而直前，虽固体而具流性也。[①]

---

① 钱锺书：《谈艺录》，中华书局，1984年，第50页。

且看《补天》里的那几句。浮云何其“轻清”“流易”，这里却使之漂移得如此吃力；金球何其“凝重坚固”，这里却让它在熔化的岩浆里流动；闪电何其“迅疾”“飘”“忽”，这里却被作者以“不灭”二字给定了型。虽是固体，而具流性；虽具流性，仍有硬度。作者将这些相反的品质混合在一起，用令人目眩的文字作障眼法。钱锺书曾谈到过文人用字如用兵，有虚有实。像“曲曲折折的漂着许多条石绿色的浮云”这一句，一个“石”字，只是虚拟之辞，却造成一种错觉，而将其自身的质感投射在“云”上，[①]再加上“曲曲折折”这一艰难的形容词和“条”这一奇特的量词，遂合成“凝重坚固”的视觉形象，写出长吉名句“空山凝云颓不流”的奇异境界。

在《野草》中，鲁迅惯于给笔下的种种事物及其运动施加压力，使之沉滞，使之收缩，甚至使之凝固，与长吉诗恰是一个路数。“地火在地下运行，奔突；熔岩一旦喷

---

① 钱锺书：《读〈拉奥孔〉》，见《旧文四篇》，上海古籍出版社，1979年，第33—35页。鲁迅《补天》里还有一处，更直接与钱氏所讨论的颜色字的虚实问题一致：“满天是鱼鳞样的白云，下面则是黑压压的浓绿。”虚色“黑压压”恰与实色“浓绿”构成钱氏所谓“文字里自相抵牾的假象”。

出……”（《题辞》），“这是死火。有炎炎的形，但毫不动摇，全体冰结，像珊瑚枝”，“登时满有红焰流动，如大火聚，将我包围”（《死火》），“这颤动点点如鱼鳞，每一鳞都起伏如沸水在烈火上；空中也即刻一同振颤，仿佛暴风雨中的荒海的波涛”（《颓败线的颤动》），“那《沉钟》就在这风沙澒洞中，深深地在人海的底里寂寞地鸣动”（《一觉》）。这些句子，无不令人想到李贺诗中那些凝重的物态和充满压力的行为：“忆君清泪如铅水”（《金铜仙人辞汉歌》），“石涧冻波声”（《自昌谷到洛后门》），“霜重鼓寒声不起”（《雁门太守行》），“老景沉重无惊飞”（《河南府试十二月乐词·四月》），等等。

以凝重坚固的物体，做迅疾流转的运动，真是鲁迅的拿手好戏：

> 朔方的雪花在纷飞之后，却永远如粉，如沙，他们决不粘连……在晴天之下，旋风忽来，便蓬勃地奋飞，在日光中灿灿地生光，如包藏火焰的大雾，旋转而且升腾，弥漫太空，使太空旋转而且升腾地闪烁。（《雪》）

> 许多美的人和美的事，错综起来像一天云锦，而且万颗奔星似的飞动着，同时又展开去，以至于无穷。（《好的故事》）

对比李贺“碎霜斜舞上罗幕”（《河南府试十二月乐词·十月》）、“天河夜转漂回星”（《天上谣》）一类诗句，不难看出其间的神似。事实上，证之以鲁迅的旧诗，这一点看得会更清晰，比如1933年的赠日本人森本清八的两首七绝：“明眸越女罢晨妆，荇水荷风是旧乡。唱尽新词欢不见，旱云如火扑晴江。”“秦女端容理玉筝，梁尘踊跃夜风轻。须臾响急冰弦绝，但见奔星劲有声。”两个末句都堪称典型。

鲁迅似乎偏爱那种回旋流转的动作。除了前引旋风吹雪，蓬勃奋飞，“旋转而且升腾”的壮观景象外，《野草》中也有两例：

> 惟有颤动，辐射若太阳光，使空中的波涛立刻回旋，如遭飓风，汹涌奔腾于无边的荒野。（《颓败线的颤动》）

> 忽尔惊觉，身外也还是环绕着昏黄；烟篆在不动的空气中上升，如几片小小夏云，徐徐幻出难以指名的形象。（《一觉》）

这会不会也有李贺诗潜在的影子呢？长吉也喜欢用“回”“旋”之类的动词：“落花起作回风舞”（《残丝曲》），“长风回气扶葱茏”（《新夏歌》），“漂旋弄天影”（《昌谷诗》），“旋风吹马马踏云”（《神弦曲》），“花龙盘盘上紫云”（《上云乐》），不一而足。

长吉诗独特的风格赖以形成的独特的意象，常常也能在鲁迅《野草》中找到。这从两人的习用语中可见一斑：名词也好，动词、形容词也好，都是那么不同凡响，而又彼此如响斯应。

比如，李贺最爱写“烟”：“薇帐逗烟生绿尘”（《河南府试十二月乐词·二月》），“石马卧新烟”（《追和何、谢铜雀妓》），“美人醉语园中烟”（《牡丹种曲》），“月漉漉，波烟玉”（《月漉漉篇》），“大江翻澜神曳烟”（《巫山高》），“地无惊烟海千里”（《上之回》），非常之多，而且往往非常之奇特。《野草》里也不乏这样的意象：“我身上喷出一缕黑烟”（《死火》），“大火聚有时不过冒些青烟”（《失掉的好地狱》），“而脸上却绝不显哀乐之状，但蒙蒙如烟然”（《墓碣文》）。

又如，李贺习惯用“坠”字：“翩联桂花坠秋月”（《李夫人》），“疏桐坠鲜绿”（《潞州张大宅病酒》），“椒花坠红湿云间”（《巫山高》）。鲁迅似乎也情愿用“坠”而不用“落”：“僵坠的胡蝶”（《希望》），“这将坠的被蚀而斑斓的颜色”（《腊叶》），都相当有个性。

再如，李贺好用“青”“白”二色，且喜欢并用或对举：“马嘶青冢白”（《塞下曲》），“玉烟青湿白如幢”（《溪晚凉》），“泉脚挂绳青袅袅”“村寒白屋念娇婴”（《老夫采玉歌》），“只今掊白草，何日蓦青山”（《马诗二十三首》其十八）。这两种冷色，鲁迅小说里常见，而《野草》里至少也有四五处，即《雪》中“白中隐青的单瓣梅花”，《死火》中“上下四旁无不冰冷，青白”，“冰谷四面，登时完全青白”，《颓败线的颤动》中“青白的两颊泛出轻红”，以及《失掉的好地狱》中“大火聚有时不过冒些青烟，远处还萌生曼陀罗花，花极细小，惨白可怜”。

总之，若论想象恢诡，情感冷峭，词采惊挺，意境幽涩，《野草》的风格无疑最符合酷爱“凝”“死”“幽”

“寒”等字眼的李长吉的诗境。典型地代表了《野草》境界的《希望》里的这些话语：

> 星，月光，僵坠的胡蝶，暗中的花，猫头鹰的不祥之言，杜鹃的啼血，笑的渺茫，爱的翔舞……

如果说也可以给那些读之森然如有鬼气的长吉诗做一概括，谁曰不宜？从小便浸淫于这位鬼才诗人的词章里面，鲁迅的视觉想象肯定会潜移默化地受到影响。从这个意义上来说，它比木刻或中国画更易于超越不同艺术门类的限制，而来得更直接，更深入，更广泛。

五　《野草》的听觉艺术

现在我们来讲《野草》中的音乐。鲁迅在美术上有很高的造诣，但不见得懂音乐。他写过一篇《“音乐”?》，那是讽刺徐志摩的故弄玄虚。尽管没有专业的音乐修养，并不妨碍鲁迅用语言文字为我们谱写出最深邃精妙的乐曲。

《野草》是中国现代文学史上一个黑洞般的存在，是最难懂的文本，因为鲁迅处理的是他自己都没有答案的主题。我们读《野草》，能感觉到鲁迅内心中最幽暗的部分，那种疑难、困惑、绝望、虚无等等东西的综合。所以《野草》读起来特别困难，而困难本来就是某种艺术的特别的品质。

一般认为，艺术就是要表现美。我们把对自然和艺术的欣赏都叫作审美，把西方的aesthetics译成“美学”，而其实应该是“感觉学”。中文所说的美，给我们的第一印象就是漂亮。但美或漂亮未必是艺术的最高标准。比如中国书法，绝不是以谁的字写得漂亮作为评价高下的标准。唐四家的褚遂良、欧阳询，字最漂亮，把汉字的结体表现到美的极致，可为万世之楷模。但宋四家的字就不以漂亮不漂亮来论了。苏东坡的字被戏称为“墨猪”，可见与一般人眼中的好看无缘。明末四大家的字就更谈不上漂亮了。还有黄道周、倪元璐的字怎么能说好看呢？王铎的字好处也不在这里。所以，熊秉明说，中国书法最高的境界其实是孙过庭《书谱》里的四个字：“人书俱老”。用里尔克的话说，“诗不是情感，诗是经验”。过去的世代老人经验多，所以，“人书俱老”即能表现人生经验的丰富性，而不单单是展示所谓美。我们看看杜拉斯《情人》那个著名的开头好了：

我已经老了，有一天，在一处公共场所的大厅里，有一个男人向我走来。他主动介绍自己，他对我说：我认识你，永远记得你。那时候，你还很年轻，

> 人人都说你美，现在，我是特为来告诉你，对我来说，我觉得现在你比年轻的时候更美，那时你是年轻女人，与你那时的面貌相比，我更爱你现在备受摧残的面容。①

同理，说老杜是千古诗人之宗，也不是因为他写得美，而是因为他反映的经验太广阔、太深沉，而且他的文字足以应对这一切。忧伤、惆怅、悲哀、恐惧、惊悚，杜诗经常给我们的这些感觉，其意象之丑拙、声律之拗涩，和从卑微粗陋的事物中发现诗，都不是一个“美”字所能概括的。所以美学或审美并不总是跟完善、舒服、愉悦相联系的，反而经常带来的是不爽、不适、不满。树木没有阴影，花朵从不凋落，但那只在美丽的童话里。波德莱尔的《恶之花》是罪之花，《野草》的故事也不是好的故事。陆游有一句诗，“诗到无人爱处工”。人家都不喜欢了，那就好了。绘画和音乐也往往如此。

---

① 玛格丽特·杜拉斯：《情人》，王道乾译，上海译文出版社，2005年，第1页。

一、悖论的拧巴

《野草》是散文的形式，诗的内涵。亚里士多德在《修辞学》中说过：

> 散文的形式不应当有格律，也不应当没有节奏。演说有了格律，就没有说服力（因为好像是做作的），同时还会分散听者的注意力，使他期待同样的格律何时重复。……可是没有节奏，又太没有限制，限制应当有（但不是用格律来限制），因为没有限制的话是不讨人喜欢、不好懂的。①

韵文的格律是有固定节奏的。你不能破格，一破格就会引起读者生理上的不舒服。比如旧体诗，平平仄仄后面，应该对应仄仄平平，来一个平平平平，你就很难受。又比如一种调笑的三句半，三个五言句，突然接上一个二

① 亚里士多德：《修辞学》，见《罗念生全集》第1卷，上海人民出版社，2007年，第330页。

字句，仿佛一脚踏空，也就很搞笑。格律就是一个期待。艺术的舒适感就是让你产生了期待，同时满足了你的期待。朱自清的《荷塘月色》：

> 曲曲折折的荷塘上面，弥望的是田田的叶子。叶子出水很高，像亭亭的舞女的裙。层层的叶子中间，零星地点缀着些白花，有袅娜地开着的，有羞涩地打着朵儿的；正如一粒粒的明珠，又如碧天里的星星，又如刚出浴的美人。

很美的文本，读起来好听，很和谐，让人呼吸停匀，心绪平和，顺滑到能够把人催眠了去。但是，前面已经说过，艺术并不以美为唯一的追求。一般的艺术是所谓安乐椅的艺术，用美的线条、美的色彩呈现美的事物，让人沉醉在熟悉的环境里。但至高的艺术别有抱负，不是让你熟悉地知道，而是让你陌生地感到。俄国的形式主义文论家什克洛夫斯基（Viktor Shklovsky）有一段话，讲艺术的“陌生化”：

> 艺术之所以存在，就是为使人恢复对生活的感

觉，就是为使人感受事物，使石头显出石头的质感。艺术的目的是要人感觉到事物，而不是仅仅知道事物。艺术的技巧就是使对象陌生，使形式变得困难，增加感觉的难度和时间长度，因为感觉过程本身就是审美目的，必须设法延长。①

“陌生化”是我们打开《野草》的一把钥匙。我们翻开第一篇《秋夜》，第一句：

在我的后园，可以看见墙外有两株树，一株是枣树，还有一株也是枣树。

“在我的后园，可以看见墙外有两株枣树。”这样表述（句子B），不就得了？然而，这只是给你信息，给你事实，让你知道事物。一棵是枣树，哦，还有一棵也是枣树（句子A）。这就把感觉的形式变得困难了，把感觉过程拉长了，通过跌宕与延迟，好让你聚焦式地进行感觉，仿佛触

① 什克洛夫斯基：《作为技巧的艺术》，引自张隆溪《二十世纪西方文论述评》，生活·读书·新知三联书店，1986年，第75—76页。

及枣树的形状，甚至抚摸到它们的肌理。而在这个单调的语序里，隐隐地有一种失落，和心头的落寞。张闳在《释〈秋夜〉》里说得好：

> 它们传达了截然不同的世界经验和生存感受，句子B为我们提供了一个熟悉的世界，这个世界是明晰的、有序的、温和的，甚至可以说，是善解人意的、与人为善的。而句子A的世界则是诡异的、反讽的、僵硬的和隐藏危机的，它设有圈套，令人迷惑，出人意料，并且，因带有一种强制的重复性而令人不适。[①]

正如什克洛夫斯基所说的，诗就是受阻的、扭曲的声音。《秋夜》里这样有意违背语法习惯的句子，遏止和破坏了读者对语音发展的期待，导致不爽、不适、不满。一句话，就是故意拧巴。

我们拿音乐来对比检视一番。古典音乐琢磨了声音的

① 张闳：《释〈秋夜〉》，见《声音的诗学》，中国人民大学出版社，2003年，第46页。

各种关系式，以“调性”（tonality）的和谐为最高原则。其旋律与和声在基础音和主调的支配与牵引下行进，使乐曲显得连贯而凝聚。古典音乐善待我们的期待，我们总觉得有一个声音和乐句在下面等着，结果也总是能等得到，十分符合格式塔心理学的“完形组织法则”（gestalt laws of organization）。

听古典音乐就像走一段回家的路，知道在何时何地结束。但现代主义音乐是调性的瓦解，声音的解放。它扰乱了秩序，破坏了规则，颠覆了和谐，让不和谐、不优美的声音释放出来，让人惊愕而无所适从。

《野草》的音乐性，按照我的理解，是在古典音乐与现代音乐之间。一方面是连贯而凝聚的声音的运动，另一方面是突如其来的断裂、延迟、翻转，蹂躏读者的心理预期。我们不能以常理来衡量鲁迅，因为他是困难的、拧巴的，也是神秘的、晦涩的，归根结底是因为《野草》的抒情主体是自我分裂的，你永远不要期待他的声音有序、完整、和谐。整部《野草》就是一个自我分裂的声音，是一个不解之谜。他想解，但是另外一个他，或他的另外一个声音，马上出来否定。比如《希望》，本来想肉搏暗夜，可是“我的面前又竟至于并且没有真的暗夜”，他自己拆自己的台。又比如《复仇》：

> 他们俩裸着全身，捏着利刃，对立于广漠的旷野之上。
>
> 他们俩将要拥抱，将要杀戮……
>
> ……
>
> 然而他们俩对立着，在广漠的旷野之上，裸着全身，捏着利刃，然而也不拥抱，也不杀戮，而且也不见有拥抱或杀戮之意。

“拥抱”和“杀戮”这两个相反的意图和动作，同时存在于这两个对立着的裸者的身上，但是到底是拥抱，还是杀戮？这样一个僵局未被打破。《野草》总是让你得不到正解，这是作者内倾化的独语气质与悖论式的思维方式决定的。

李欧梵的《铁屋中的呐喊》对《野草》有过一句经典的概括：“他的多种冲突着的两极建立起一个不可能逻辑地解决的悖论的漩涡。”[①]《野草》充斥着根本无法解释的

① 李欧梵：《铁屋中的呐喊》，尹慧珉译，岳麓书社，1999年，第111页。

悖论，超越了我们的逻辑，如“无地之地”“无物之物”“无血的大戮”“无词的言语”“无名的思想”，等等。它们自有源头，比如庄子有“不言之言”，王维有“无见之见”。钱锺书指出，这些都属于神秘主义的表达：“神秘宗所以破解身心之连环、弥缝言行之矛盾者，莫非正言若反也，岂特一章一句之词旨而已哉！”[①]整部《野草》的每一章每一句共同指向的意旨，就是想“破解身心之连环、弥缝言行之矛盾”。然而，说到底，鲁迅身心之连环不可能得到破解，言行之矛盾不可能得到弥缝，悖论不可以逻辑地得到解决。《野草》的语言于是充满了断裂、褶皱和浓缩的阴影，充满了内在的紧张。

二、正题与反题

《野草》的音乐性，是在正题与反题的不断冲突与撕扯中，在语句的不断重复与变化中实现的。我们以《复仇（其二）》为例，来加以分析。它是《马太福音》和《马可福音》里面耶稣被钉上十字架的文字的改写——

① 钱锺书：《管锥编》第2册，中华书局，1979年，第465页。

因为他自以为神之子，以色列的王，所以去钉十字架。

兵丁们给他穿上紫袍，戴上荆冠，庆贺他；又拿一根苇子打他的头，吐他，屈膝拜他；戏弄完了，就给他脱了紫袍，仍穿他自己的衣服。

看哪，他们打他的头，吐他，拜他……

他不肯喝那用没药调和的酒，要分明地玩味以色列人怎样对付他们的神之子，而且较永久地悲悯他们的前途，然而仇恨他们的现在。

开头的“因为”“所以”，要言不烦。接下来每一句都落在“他”字上，“庆贺他”“吐他”“屈膝拜他”。“拜他”是戏谑，“吐他”是侮辱，“打他”是惩罚，都是干净精到的短语。然后长句出现了，一个非常欧化的句子，跟前面短兵相接的白描形成反差，张力出来了，节奏也出来了。接着开头的“因为”“所以”，现在是“而且”“然而”。我们一般用作连接的虚词，在鲁迅笔下真有实用，他放大它们，强调它们，借以制造拗峭的效果。

> 四面都是敌意，可悲悯的，可咒诅的。
>
> 丁丁地响，钉尖从掌心穿透，他们要钉杀他们的神之子了，可悯的人们呵，使他痛得柔和。丁丁地响，钉尖从脚背穿透，钉碎了一块骨，痛楚也透到心髓中，然而他们自己钉杀着他们的神之子了，可咒诅的人们呵，这使他痛得舒服。
>
> 十字架竖起来了；他悬在虚空中。

“可悲悯的”和“可咒诅的”也是矛盾的同构。句子很跳脱，两个修饰语放到后面来，这种倒装，可以突出每个词的位置，放大每个字的重量和质感。如果你要改写成“四面都是可悲悯而可咒诅的敌意”就完了，句子的力量瞬间瓦解。“丁丁”不读dīngdīng，象声词读zhēngzhēng，如“伐木丁丁山更幽”。“可悯的人们呵，使他痛得柔和”，重复了前面的“可悯”和“可悲悯”；“可咒诅的人们呵，这使他痛得舒服”，又重复了前面的“可咒诅”。长长的句子后，又来了短的，“十字架竖起来了；他悬在虚空中”。独立成行，形成强有力的聚焦效应。

《野草》大部分篇章的特点出来了：作者首先确立一个正主题，然后设置一个副主题，让两者并置，交替发展，使彼此对立，相互否定，不断缠绕。这些中心词语和意象或明或暗地反复出现，构成了行文的节奏。熟悉的乐句会不断地起来，主题被特定的、反复的旋律所加强、深化。

《复仇（其二）》的核心就是悲悯和咒诅，然后它不断地变化形式来发展。从“悲悯”到“可悲悯的”，再到“可悯的人们呵”；从“仇恨”到“可咒诅的”，再到“可咒诅的人们呵”，爱与恨交加，是把矛盾的感情和感受强行压缩到一起，如“使他痛得柔和”“使他痛得舒服”，不相容的感觉糅到一起了。

> 他没有喝那用没药调和的酒，要分明地玩味以色列人怎样对付他们的神之子，而且较永久地悲悯他们的前途，然而仇恨他们的现在。
>
> 路人都辱骂他，祭司长和文士也戏弄他，和他同钉的两个强盗也讥诮他。
>
> 看哪，和他同钉的……
>
> 四面都是敌意，可悲悯的，可咒诅的。

这部分较多重复。前面的“他不肯喝”，后面只改成

“他没有喝”，接下来都一样了。乐句重现，有些微变化，以表示演进。从“不肯喝”到“没有喝”，说明时间推移，这一幕已经过去了。“辱骂他”“戏弄他”“讥诮他”，依然落脚在“他”字上，就像“吐他”“拜他”的回声。

长的短的都已经重复了，于是全篇最不同凡响的句子出现了：

> 他在手足的痛楚中，玩味着可悯的人们的钉杀神之子的悲哀和可咒诅的人们要钉杀神之子，而神之子就要被钉杀了的欢喜。突然间，碎骨的大痛楚透到心髓了，他即沉酣于大欢喜和大悲悯中。
>
> 他腹部波动了，悲悯和咒诅的痛楚的波。
>
> 遍地都黑暗了。

这是高潮。仿佛地火在地下运行，倔强的、不屈不挠的声音，长到透不过气，难以忍受到极点，然后，“突然间”三字一转，喷薄而出所有的不满、不爽和不适。我们在读这样的句子的时候，仿佛要使出浑身的劲，一点都不能松懈。“手足的痛楚”似不经意，却正好呼应了、收拾了前面的“钉尖从掌心穿透”和“钉尖从脚背穿透”。同时，“痛得柔和”“痛得舒服”，也演变为沉酣的“大欢喜”。

紧接着又是两个短句：“他腹部波动了，悲悯和咒诅的痛楚的波。”“遍地都黑暗了。”有如高音之后突如其来的静止和空白。鲁迅最喜欢一种波动回旋的动作，如：

> 朔方的雪花在纷飞之后，却永远如粉，如沙，他们决不粘连……在晴天之下，旋风忽来，便蓬勃地奋飞，在日光中灿灿地生光，如包藏火焰的大雾，旋转而且升腾，弥漫太空，使太空旋转而且升腾地闪烁。（《雪》）

> 这颤动点点如鱼鳞，每一鳞都起伏如沸水在烈火上；空中也即刻一同振颤，仿佛暴风雨中的荒海的波涛……惟有颤动，辐射若太阳光，使空中的波涛立刻回旋，如遭飓风，汹涌奔腾于无边的荒野。（《颓败线的颤动》）

雪的旋转而且升腾，波涛的颤动、回旋与奔腾，都属于《野草》最华彩的部分。《复仇（其二）》的波动则很简约，但依然伴随着强烈的视觉画面，仿佛波及黑暗的降临。这时，神秘的声音出现了：

> “以罗伊，以罗伊，拉马撒巴各大尼?!”（翻译出来，就是：我的上帝，你为甚么离弃我?!）
>
> 上帝离弃了他，他终于还是一个“人之子”；然而以色列人连“人之子”都钉杀了。
>
> 钉杀了“人之子”的人们的身上，比钉杀了“神之子”的尤其血污，血腥。

最后以警句式的议论结束。围绕着“钉杀”“人之子”，句子依旧是环绕、纠缠，情绪依旧是拗峭、郁勃。

作者从以色列人对人之子的侮辱和欺压两种行为的描写，引出相对应的“可悲悯”与“可咒诅”这两种相异的情感，将它们强行糅合，平行延伸。句子在长短错落中，呈现出个性鲜明的节奏感，且刻意打破人们的心理期待。

《复仇（其二）》是一个标本，向我们展示了《野草》的音乐性的一个基本模型，也是其意义的一个解释模型。作者总是提出一个主题的意象或乐句，紧接着出示对立面，构成一个副主题，与前面的正主题互相否定、冲突和撕扯，不断重复，时常变化，并由此展开。如《死火》中的“冻死”与“烧完”，《希望》里的“希望”与“绝望”，《过客》里的“花”与“坟”，《影的告别》里的“光明”与“黑暗”，《复仇》里的“拥抱”与“杀戮”，等等。

这个正主题与副主题的交替发展，是通过反复与变化而实现的。在一定时间内，相同或相似的语句，有规律或者无规律地出现。这在他是一种高度有效的手段，不断制造读者的预期，然后满足或打破这预期，使你欣悦，或使你不快、不适。《野草》充分显现了鲁迅对自己的语调和文字的调控，他有时好像没有节制的词与句的重复，也是有意为之的控制。重复，重复了又重复，让你简直不能忍受，然后才转圜。这对于我们来说是反常的状态，在《野草》却是常态。天无三日晴，地无三尺平，整部《野草》，从头到尾都没有让人舒坦的东西。

三、佛经与庄子

曹聚仁《鲁迅评传》早就说过：“在《野草》里，比在《狂人日记》里更多的用了象征，用了重叠，来凝结来强调他的声音，这是诗。”[①]王彬彬也说：“鲁迅把多种有名目和无名目的修辞方式运用得出神入化，既在规范之内，又在规范之外。反复是鲁迅用得很多也用得很好的修辞格之一。”[②]《野草》中的“反复”或“重叠”，迥异于常。一般说来，汉语中重复超过三次就会让人觉得憋气。汉语相对比较短促，非常适宜白描，如鲁迅的小说。而白描的话，就没有复句、重句，还经常会省略句子成分。正因为如此，汉语的词句或音节，一旦重复过了三次，便会造成不适之感。但鲁迅《野草》里的重复，动辄四次、五次，甚至七次、八次。近乎强迫症的超长重复，超越了由单调而引起的疲倦，让人惊惧于一种执拗，似在刻意挑战读者的生理与心理底线——

> 饥饿，苦痛，惊异，羞辱，欢欣，于是发抖；害苦，委屈，带累，于是痉挛；杀，于是平静。……又于一刹那间将一切并合：眷念与决绝，爱抚与复仇，养育与歼除，祝福与咒诅……。（《颓败线的

① 曹聚仁：《鲁迅评传》，东方出版中心，1999年，第231页。

② 王彬彬：《鲁迅与现代汉语文学表达——兼论汪曾祺语言观念的局限性》，《中国现代文学研究丛刊》，2021年第12期。

颤动》）

日日斟出一杯微甘的苦酒，不太少，不太多，以能微醉为度，递给人间，使饮者可以哭，可以歌，也如醒，也如醉，若有知，若无知，也欲死，也欲生。他必须使一切也欲生；他还没有灭尽人类的勇气。（《淡淡的血痕中》）

这种重复的极致，当属佛经。当初把佛经从梵文译过来的时候，译经师往往用四字句、五字句的结构以整齐之，却并不押韵。如鲁迅曾经出资刻印的《百喻经》，南朝齐永明十年译成，第一则“愚人食盐喻”云：

昔有愚人，至于他家。主人与食，嫌淡无味。主人闻已，更为益盐。既得盐美，便自念言：所以美者，缘有盐故。少有尚尔，况复多也。愚人无智，便空食盐。食已口爽，返为其患。

四个字四个字无尽的反复，乃有着咒语式的安抚、催眠性的诱导，入人最深，用今天的话说，就是最会带节奏。鲁迅深谙佛典。在1914年4月到12月，鲁迅买了九十多部佛经，而且读得很勤。许寿裳回忆说："民三（1914）以后，鲁迅开始看佛经，用功很猛，别人赶不上。"[①]佛经读多了，佛经的节奏自然而然进入了自己的语言中。而一旦出现佛经式的节奏，必是到了最凝重深邃的时刻，比如：

> 我知道伟大的人物能洞见三世，观照一切，历大苦恼，尝大欢喜，发大慈悲。但我又知道这必须深入山林，坐古树下，静观默想，得天眼通，离人间愈远遥，而知人间也愈深，愈广。（《华盖集·题记》）

《野草》里，此类佛经节奏所在多有：

> ……有一游魂，化为长蛇，口有毒牙。不以啮人，自啮其身，终以陨颠。……
>
> 我绕到碣后，才见孤坟，上无草木，且已颓坏。即从大阙口中，窥见死尸，胸腹俱破，中无心肝。而

① 许寿裳：《亡友鲁迅印象记》，见鲁迅博物馆、鲁迅研究室、《鲁迅研究月刊》选编《鲁迅回忆录》上册，北京出版社，1999年，第247页。

脸上却绝不显哀乐之状，但蒙蒙如烟然。（《墓碣文》）

“人类便应声而起，仗义执言，与魔鬼战斗。战声遍满三界，远过雷霆。终于运大谋略，布大罗网，使魔鬼并且不得不从地狱出走。（《失掉的好地狱》）

诸影诸物，无不解散，而且摇动，扩大，互相融和；刚一融和，却又退缩，复近于原形。（《好的故事》）

汉语四个字的结构，经常稳定的是两个字、两个字的切分节奏。“关关雎鸠，在河之洲。窈窕淑女，君子好逑。”自然形成二二二二，偶尔出现一三一三。“洞见三世，观照一切”是二二二二，“历大苦恼，尝大欢喜，发大慈悲”是一三一三一三，然后，“深入山林”是二二，“坐古树下”是一三。“静观默想”是二二，“得天眼通”又是一三。二二二二是主调，一三一三做微调。鲁迅经常会给单调的节奏加以调整和变化，但是这种微调改变不了整个节奏的神秘的、迷幻式的行进。

佛经式的重复给了《野草》单调的庄严，而庄子式的变化则给了《野草》造句的“汪洋辟阖，仪态万方”，那是大起大落、大开大合，长长短短糅合到一起去：

> 惠子谓庄子曰：“吾有大树，人谓之樗。其大本拥肿而不中绳墨，其小枝卷曲而不中规矩。立之途，匠者不顾。今子之言，大而无用，众所同去也。”庄子曰：“……今子有大树，患其无用，何不树之于无何有之乡，广莫之野，彷徨乎无为其侧，逍遥乎寝卧其下。不夭斤斧，物无害者，无所可用，安所困苦哉！”（《逍遥游》）

长长短短糅合得好了，也就是韩愈《答李翊书》所谓“言之短长皆宜”。汪曾祺认为，韩愈说了个最老实的话，道出了中国文学语言好坏的诀窍：“语言要来要去的奥妙，还不是长句子跟短句子怎么搭配？”[1]我们看鲁迅是怎么安排长句子和短句子的，就等于窥见了他的艺术之秘密的一半：

---

① 汪曾祺：《小说的思想和语言》，见《晚翠文谈新编》，生活·读书·新知三联书店，2002年，第46页。

> 暖国的雨，向来没有变过冰冷的坚硬的灿烂的雪花。博识的人们觉得他单调，他自己也以为不幸否耶？江南的雪，可是滋润美艳之至了；那是还在隐约着的青春的消息，是极壮健的处子的皮肤。雪野中有血红的宝珠山茶，白中隐青的单瓣梅花，深黄的磬口的蜡梅花；雪下面还有冷绿的杂草。（《雪》）

鲁迅写句子就像庄子，好像故意跟你过不去，语不惊人死不休，各种各样的花样都有，句子千奇百怪，想拗什么姿势就拗什么姿势。一旦不拗姿势了，那也是有意的。

白话文有两个代表，一个是胡适，一个是鲁迅。胡适的语言是让你知，而鲁迅的语言是让你感。鲁迅的遣词造句，用一种困难的形式延宕你感觉的时间，让你去触摸句子和词的那种粗糙或细腻之感。这是要消耗能量的，所以鲁迅的语言是一种非常耗力的语言。哪怕写得最柔美的篇章，比如《好的故事》里，他都不会依着你，顺着你：

> 我仿佛记得曾坐小船经过山阴道，两岸边的乌桕，新禾，野花，鸡，狗，丛树和枯树，茅屋，塔，

伽蓝，农夫和村妇，村女，晒着的衣裳，和尚，蓑笠，天，云，竹，……

一般人不会将一个一个词语罗列得这么长。鲁迅就像用点彩法（Pointillism）的乔治·修拉（Georges Seurat），把事物和事物之间的关系省略掉，只凸显事物本身。但是看上去随心所欲的罗列，其实非常讲究。“乌桕，新禾，野花”三个两字顿，然后“鸡，狗”两个单字顿，再接上“丛树和枯树”一个五字顿。细数起来，这个排列是：二二二一一五二一二五二五二二一一一……看起来让你觉得单调甚至烦腻，却由于节奏的微调，使整个句子并不是平滑的，它有切分，有起伏，有延宕。

像《淡淡的血痕中》，就是故意用三个字重复了：

日日斟出一杯微甘的苦酒，不太少，不太多，以能微醉为度，递给人间，使饮者可以哭，可以歌，也如醒，也如醉，若有知，若无知，也欲死，也欲生。

运用之妙，存乎一心，从无所事事的地方，他也能给你生出事来：

> 夜半，没有别的人，我即刻听出这声音就在我嘴里，我也即刻被这笑声所驱逐，回进自己的房。灯火的带子也即刻被我旋高了。（《秋夜》）

注意三个“即刻”。我们试着换几个词，效果马上就不一样：“没有别的人，我立刻听出这声音就在我嘴里，我也马上被这笑声所驱逐，回进自己的房。灯火的带子也迅速被我旋高了。”如此，即泯然众人矣。

鲁迅在用各种手段拽着你，使你关注句子本身，关注它的声音，关注它的意义。

> 饥饿，苦痛，惊慌，羞辱，欢欣，于是发抖；害苦，委屈，带累，于是痉挛；杀，于是平静。……（《颓败线的颤动》）

划分起来就是：二二二二二，二二；二二二，二二；一，二二。“于是发抖”前面是五个词，“于是痉挛”前面是三个词，“于是平静”前面是一个词，不，一个字，“杀”，仿佛一个逆转，打破了蓄势已久的一再推进，既是节奏定势的拆解，也是心理压力的释放。这妙到毫颠的配比，简直到了游戏的地步。但是这种游戏是由内心要表达情意的姿态控制的，他不得不如此。看上去他是在跟你过不去，其实是在跟自己过不去。

四、心伪则口滑

鲁迅用人人在用的语言创造了奇迹。《野草》的语言，格外绕，也格外拗。为什么造物主要递一杯“微甘的苦酒”，为什么碎骨的大痛楚“使他痛得舒服”“使他痛得柔和”？甘和苦是相反的，痛跟舒服、痛跟柔和也是不相容的。但作者捉并到一起，让它们撕扯、对冲。哪怕写一个简单的句子，都拧巴得很：

> 他们已经豫觉着事后的自己的舌上的汗或血的鲜味。（《复仇》）

对比艾青的《大堰河——我的保姆》中的一句：“我摸着新换上的衣服的丝的和贝壳的纽扣”，也是四个“的”。陆兴华说鲁迅好用“的”是受日语影响，高行健说艾青好用“的”是受法语影响。不管如何，两人有高下之分。鲁迅“的”“的”不休是从容的有意为之，而艾青只是力疲神惫的拖沓而已。

《野草》的声音是受阻的、扭曲的。里面一旦出现平顺的句子，那他是别有用心了。比如《狗的驳诘》：

> 我惭愧：我终于还不知道分别铜和银；还不知道分别布和绸；还不知道分别官和民；还不知道分别主和奴；还不知道……

比这更顺溜的，是《聪明人和傻子和奴才》：

> 奴才总不过是寻人诉苦。只要这样，也只能这样。有一日，他遇到一个聪明人。
>
> “先生！”他悲哀地说，眼泪联成一线，就从眼角上直流下来。“你知道的。我所过的简直不是人的生活。吃的是一天未必有一餐，这一餐又不过是高粱皮，连猪狗都不要吃的，尚且只有一小碗……。”
>
> “这实在令人同情。”聪明人也惨然说。
>
> “可不是么！”他高兴了。“可是做工是昼夜无休

息：清早担水晚烧饭，上午跑街夜磨面，晴洗衣裳雨张伞，冬烧汽炉夏打扇。半夜要煨银耳，侍候主人耍钱；头钱从来没分，有时还挨皮鞭……。”

七言接以六言，句句押韵，顺溜得近乎唱词。日本学者丸尾常喜认为，就像是绍兴“目连戏”中每每由乞丐等登场人物唱《孝顺歌》，在这里也可以视为奴才感叹自己的境遇时唱的常套的“奴隶歌”[①]。我看更像绍兴流行的莲花落。绍兴莲花落的传统书目《闹稽山》中，就有“诉苦”一段。鲁迅这段乞丐的诉苦，莲花落似的口滑，可见说了不知多少遍，都成了滥调俗套。奈保尔在《印度：受伤的文明》中，引了孟加拉作家尼拉德·乔都里（Nirad Chaudhuri）在《活，还是不活》里的话，说到印度人的喜欢诉苦：

我遇到的人，无论男女，似乎都乐于被他人虐待。对他们来说，生活在悲苦中，谈论这种悲苦，沉溺于自我伤悲，这是种情感上的纵欲。在这些人中，

① 丸尾常喜：《耻辱与恢复——〈呐喊〉与〈野草〉》，秦弓、孙丽华编译，北京大学出版社，2009年，第322页。

交谈意味着讲述他们在大小官员、远亲近邻手下遭受的磨难。[1]

鲁迅洞晓人类心理，他讨厌这种情感上的纵欲，讨厌这种作伪。他在《求乞者》中说“我厌恶他的声调，态度”，因为一个孩子向我求乞，“我憎恶他并不悲哀，近于儿戏”，反映在奴才身上，就是“他高兴了”，“已经舒坦得不少了”。诉苦诉到了高兴和舒坦的地步！难怪鲁迅会说：“我不布施，我无布施心，我但居布施者之上，给与烦腻，疑心，憎恶。”我们要警惕一切张口即来、来得极顺、顺到口滑的表达。在鲁迅的公式里，心伪则口滑。

---

① V. S. 奈保尔：《印度：受伤的文明》，宋念申译，生活·读书·新知三联书店，2003年，第167页。

六　《朝花夕拾》导读

我们的语文课是绕不开鲁迅的。初中的语文课本里，鲁迅的文章选进去不少，比如《野草》里的《风筝》和《雪》，《呐喊》里的《社戏》《故乡》和《孔乙己》，还有《朝花夕拾》里的《阿长与〈山海经〉》《从百草园到三味书屋》和《藤野先生》。一本《朝花夕拾》里面共有十篇文章，我们初中就接触到了三篇，所占的比例真不小。所以，我们就来讲一讲整本的《朝花夕拾》。

一篇文章有一篇文章的读法，一本书也有一本书的读法。读一篇文章我们要留意上下文，读一本书我们也要注意前后篇。因为作者写一本书，不会是随意写了一篇，又信手再写一篇，他总会有一个通盘的考虑，一个总体的目的。既然收在一本书中，其中的每一篇都应该服务于这个总体目的。《朝花夕拾》就是一本规划性很强的书。常言道散文不散，我们也不能散漫地来看。

一、书名的讲究

《朝花夕拾》这个书名，我们现在用普通话读起来，“朝”“花”“夕”三个字都是第一声，“拾”是第二声，平仄是“平平平平”，从音韵的角度是不合理的。因为过去我们的习惯，都是平仄错开，平平仄仄，仄仄平平。比如说《故事新编》，普通话还是两个第四声加上两个第一声，仄仄平平。这样就好听了。

一个旧学素养那么好的人，鲁迅怎么会取一个“平平平平”的书名呢？《从百草园到三味书屋》里面有一句话：“正午习字，晚上对课。”“对课”就是对对子的课。接下来又说：“对课也渐渐地加上字去，从三言到五言，终于到了七言。”可见过去的私塾里，语文教育都是从对对子开始的。《红楼梦》第九回写顽童闹学堂，里面的家塾老师贾代儒某一天有事回家去，“只留下一句七言对联，命学生对了，明日再来上学”。说的就是旧日学堂里必修的对课。受了这样的训练，所以大观园落成以后，贾政“要试宝玉的功业进益如何”，便叫儿子给园子里的景观题几副对联，宝玉脱口就是：“绕堤柳借三篙翠，隔岸花分一脉香。”“新涨绿添浣葛处，好云香护采芹人。”

你看，对对子不仅词性要对，还要讲平仄。“三篙”对“一脉”，“浣葛”对“采芹”，“翠”对“香”。大致算起来，第一二声为平声，第三四声为仄声。然而古音跟我们今天的普通话不一样，仄声除了第三声上声、第四声去声之外，还有一个入声。《无常》里就有一句：“这叙述里的‘子’字都读作入声。”入声是一个最短促、爆发力特别强的声调。今天我们很多南方的方言里面还保留入声。《无常》里无常的唱词，如：

第一煎吃下去，冷汗发出；
第二煎吃下去，两脚笔直。

又如：

那怕你，铜墙铁壁！
那怕你，皇亲国戚！

“出”“直”“壁”“戚”，古音和方言里都是读入声的，而且押韵。在鲁迅的口中，“夕”和“拾”都是入声字。《朝花夕拾》应该读平平仄仄。

鲁迅给自己的书取名，好像忘不了小时候的“对课”，总喜欢对对子。比如说我们最熟悉的《呐喊》《彷徨》。《呐喊》就是第四声加第三声，仄仄。《彷徨》是两个第二声，平平。《朝花夕拾》跟《故事新编》也是对对子。“朝”对“夕”，“故”对“新”，“朝”“夕”又对“故”“新”。此外还有《三闲集》对《二心集》，《准风月谈》对《伪自由书》。其实，大作家经常有大布局，喜欢成双结对，比如杜甫，写了《前出塞》，又写《后出塞》；写了《三吏》，又写《三别》；写了《楠树为风雨所拔叹》，又写《茅屋为秋风所破歌》；等等。鲁迅也是这样，《呐喊》对《彷徨》，《热风》对《野草》，坚持一个对称的原则，而且讲平仄。

二、写作的缘起

《朝花夕拾》原名是叫《旧事重提》的，但是我们晓得这题目不好，没有文学性。当然，《旧事重提》也不能跟《故事新编》对仗，不能拿“旧事”对“故事”。《朝花夕拾》就是“旧事重提”的意思，但多形象，多有诗意。大家看书前面的小引，作者说：

> 前天，已将《野草》编定了；这回便轮到陆续载在《莽原》上的《旧事重提》，我还替他改了一个名称：《朝花夕拾》。带露折花，色香自然要好得多，但是我不能够。便是现在心目中的离奇和芜杂，我也还不能使他即刻幻化，转成离奇和芜杂的文章。或者，他日仰看流云时，会在我的眼前一闪烁罢。

在《故事新编》的序言里，作者也说：

> 直到一九二六年的秋天，一个人住在厦门的石屋里，对着大海，翻着古书，四近无生人气，心里空空洞洞。而北京的未名社，却不绝的来信，催促杂志的文章。这时我不愿意想到目前；于是回忆在心里出土了，写了十篇《朝华夕拾》；并且仍旧拾取古代的传说之类，预备足成八则《故事新编》。

《朝花夕拾》是鲁迅在1926年写的，前面五篇写于北京，后面五篇写于厦门。1927年鲁迅到了广州，把这十篇结集成一本书。

1926年对鲁迅来说，是很不平常的一年。他处在一个身心交瘁的状态，那要从上一年说起。1925年，鲁迅介入了女师大的风潮，跟当时的北洋政府教育总长章士钊，还有女师大校长杨荫榆，发生了激烈的冲突。到了1926年，北洋政府制造了“三一八”惨案。于是鲁迅8月底离开了北京，到厦门大学任教，但跟当时的校长林文庆也弄得很僵，短短四个月后就辞了职。1927年初又到了广州的中山大学，其间又跟学者顾颉刚缠斗不断。总之，这几年他老是被人骂，也老是骂人。所以在1925年底的《华盖集》的题记里，他说：

> 而我所获得的，乃是我自己的灵魂的荒凉与粗糙。但是我并不惧惮这些，也不想遮盖这些，而且实在有些爱他们了，因为这是我转辗而生活于风沙中的瘢痕。

身上的“瘢痕”还是外在的。鲁迅这几年受了很多内心的创伤。1923年他跟自己的二弟周作人闹翻了，从此老死不相往来。这种事对任何人而言，都是一个巨大的心理打击。何况鲁迅跟周作人之间不仅有手足之情，而且是学术上的同道，思想上的挚友。这么多风风雨雨打击之下，他病了。鲁迅日记显示，1925年9月到1926年1月，鲁迅到山本医院就诊了23次，他原来就有肺病，后来又有胃病。所以，鲁迅从身到心，都极其痛苦。

外事的纷争，内心的悲痛，往往使人暗地里软弱起来，在无人处，想返回到有人荫护的无忧无虑的童年，安全，温馨。司马迁《史记·屈原列传》里说：“人穷则反本。故劳苦倦极，未尝不呼天也；疾痛惨怛，未尝不呼父母也。”“穷”不是没钱，而是没路，路走到了不能再走的地步，照鲁迅的说法是“碰壁”。为什么1926年鲁迅会写这一系列的回忆文章？因为他骂人也被人骂，伤人也被人伤，他到了穷途末路，碰壁了，所以要“反本”。

三、儿童的天地

司马迁说，天地是我们的本，父母是我们的本。事实上，对我们每一个人的生命来说，儿时是我们幸福与痛苦的一个源头，是我们的本。《朝花夕拾》一半是回忆童年往事的。鲁迅的思维一下子沉浸到过去的时光里，想用自己的文字，“给我们的永逝的韶光一个悲哀的吊唁”，为什么？因为儿童的时光最值得留恋，而且一去不回。

我们已经读过了无数写自己童年的书和文章，可是，为什么只有鲁迅的《朝花夕拾》成为了经典中的经典，不断被选入我们的中学课本，而且将被我们世世代代读下去呢？为什么像百草园、三味书屋，都成了我们共同的生命的密码呢？原因也许就在于，鲁迅向我们展示了一个属于儿童的天地，其中有种种值得留恋和神往的东西，也不乏缺憾和凄凉。

1. 动的精神

鲁迅一向关心中国的儿童问题。很早他就写过《我们怎样做父亲》，后期也有《从孩子的照相说起》，其中说道：

> 但中国一般的趋势，却只在向驯良之类——“静”的一方面发展，低眉顺眼，唯唯诺诺，才算一个好孩子，名之曰“有趣”。活泼，健康，顽强，挺

胸仰面……凡是属于“动”的，那就未免有人摇头了，甚至于称之为“洋气”。

中国的孩子们从小就是以“静”为培养的原则，非常反“动”。南宋时的朱熹在过去一千年里影响最大，他在《童蒙须知》里写道：

凡人子弟，须是常低声下气，语言详缓，不可高言喧哄，浮言戏笑。父兄长上有所教督，但当低首听受，不可妄大议论。长上检责，或有过误，不可便自分解，姑且隐默。

凡行步趋跄，须是端正，不可疾走跳踯。若父母长上有所唤召，却当疾走而前，不可舒缓。

凡喧哄争斗之处不可近，无益之事不可为，谓如赌博、笼养、打球、踢球、放风禽等事。

这是何等束缚人身和人心的教条呀！与儿童好动不好静的天性格格不入，长此以往，只会造成“缩小的成人”：“屏息低头，毫不敢轻举妄动。两眼下视黄泉，看天就是傲慢，满脸装出死相，说笑就是放肆。”（《忽然想到

（五）》）鲁迅反对这些僵死的规定，他希望孩子们能动，能跳，会说，会笑。《从百草园到三味书屋》就充分地展示了一个天性活泼的孩子，怎样从无拘无束的自由天地逐渐走向拘禁和规训的过程。

我们不妨先来数一数，《朝花夕拾》里面有哪些地方违背了朱子的教训？

《从百草园到三味书屋》里，有拔草、翻石头、跳石井栏；《琐记》里，有吃冰、打旋子；《五猖会》里，看迎神赛会。这些都是朱子所说的“无益之事”，小孩子是不能做的，比如说“笼养”。鲁迅有没有写过“笼养”？写过，而且不少。第一篇《狗·猫·鼠》里，讲到养在纸盒里的隐鼠。还有《从百草园到三味书屋》里，在雪地里张筛捕鸟，所得麻雀甚多，可是养不过夜，也都属于“笼养”之事。还有“放风禽”，他在《野草》的《风筝》里面说，他很后悔把弟弟所编扎的风筝踩碎了，这是一种对于弟弟精神上的虐杀。长大以后，读了西方的儿童书，才知道原来游戏是儿童最正当的行为，玩具是儿童的天使。朱子的教训，无疑是对孩童精神上的虐杀。

好在我们中国的圣贤并不都是朱熹那样。同样是理学大师，明代的王阳明的《训蒙大意》就通达近人情，合乎现代精神。他说：

> 大抵童子之情，乐嬉游而惮拘检，如草木之始萌芽，舒畅之则条达，摧挠之则衰痿。今教童子，必使其趋向鼓舞，中心喜悦，则其进自不能已。

儿童的习性就是喜欢高高兴兴地游玩，而怕被拘束，就好像草木刚刚萌芽，如果你一味压制，就会萎缩下去。如果任其自由生长，就会枝繁叶茂。王阳明的教育思想，符合我们现代人的观念。我们现在都希望孩子们自由活泼，在身体上和心理上都能够愉悦。但是，以朱熹为代表的宋代理学家，总是力主孩童们举动要严肃，思想要诚敬，形成最近一千年来中国主流的儿童“规范文化”。但是，宋代以前，孩童教育却是另外一种情形。儒家的教育思想本来是非常健康的。比如《论语》中，孔子就感叹而且赞赏这样一种境界：“莫春者，春服既成，冠者五六人，童子六七人，浴乎沂，风乎舞雩，咏而归。”一千年前的一千多年，是属于动的时代。西晋左思的《娇女诗》，写他的女儿“驰骛翔园林，果下皆生摘”“贪华风雨中，倏忽数百适”，晚唐李商隐的《骄儿诗》，写他的儿子“青春妍和月，朋戏浑甥侄。绕堂复穿林，沸若金鼎溢”。盛唐大诗人杜甫的《百忧集行》自述道：“忆年十五心尚孩，健如黄犊走复来。庭前八月梨枣熟，一日上树能千回。”笑闹不禁，嬉戏不绝，这才符合儿童的天性，也符合现代的幼教观念。读到《朝花夕拾》里关于童年的回忆文章，孩子们游戏，甚至淘气，疾走跳踯，生动活泼，充满动的精神，我们都会发出会心的微笑，想到古往今来，没有什么圣贤教训真的能把孩子们的手脚捆起来。

更为美好的是大人带着小孩玩。现代小说家汪曾祺回忆抗战时期在昆明的生活，有一篇随笔《泡茶馆》，里面写道：

> 茶馆的墙壁上张贴、涂抹得乱七八糟。但我却于西墙上发现了一首诗，一首真正的诗：
>
> 记得旧时好，
> 跟随爹爹去吃茶。
> 门前磨螺壳，
> 巷口弄泥沙。
>
> 是用墨笔题写在墙上的。这使我大为惊异了。这是什么人写的呢？

据说这是明代陈白沙的诗，后面却还有两句："而今人长大，心事乱如麻。"这两句拿《朝花夕拾·小引》里的话说，"便是现在心目中的离奇和芜杂"。这一本《朝花夕拾》，其实就是鲁迅从"记得旧时好"写到"而今人长大"，是一篇童年时光的"悲哀的吊唁"，是一篇《失乐园》。

2. 多识于鸟兽草木之名

值得注意的是，儿童的生活里不只是嬉戏玩乐，长身体之外，还有一个重要的方面是长知识。废名是周作人的弟子，但非常崇拜鲁迅，他写过一篇《教训》，里面有一节谈的是"多识于鸟兽草木之名"：

> 我个人做小孩时的生活是很有趣味的，……我好读书而不求甚解，对于鸟兽草木都是忘年交，每每没有问他们的姓名了。到了长大离乡别井，偶然记起老朋友，则无以称呼之，因此十分寂寞。因此我读了孔子的话，"多识于鸟兽草木之名！"我佩服孔子是一位好教师了。倘若我当时有先生教给我，这是什么鸟，

这是什么花，那么艺术与科学合而为一了，说起来心向往之。

显然，鲁迅比废名强，他好奇而且有探索精神，从小就能把艺术与科学合二为一。为什么这样说呢？翻翻《朝花夕拾》就知道，里面比比皆是对鸟兽、草木、虫鱼的描写，植物有皂荚、桑椹、何首乌、木莲、覆盆子，动物有蝉、黄蜂、叫天子、油蛉、蟋蟀、蜈蚣、斑蝥等等。对这一切，小时候的他，就不只停留在感性的认识，他会去查资料，看这些草木鸟兽虫鱼的图鉴，比如《山海经》和《毛诗草木鸟兽虫鱼疏》，还有《花镜》《尔雅音图》和《毛诗品物图考》，诸如此类。

他喜欢打破砂锅问到底。在三味书屋里他会问老师，这个书上的“怪哉虫”到底是一个什么虫。甚至一些传说中的动物，比如拇指一般大，养在笔筒里，会舔墨的墨猴；又比如美女蛇，和能吸蛇的脑髓的飞蜈蚣，他都有强烈的兴趣想搞清楚。他在《看图识字》一文里写过：

孩子是可以敬服的，他常常想到星月以上的境界，想到地面下的情形，想到花卉的用处，想到昆虫的言语；他想飞上天空，他想潜入蚁穴……

他这么说的时候，想到的一定是自己的童年。他从小就是把诗人的趣味和科学家的趣味结合到一起，也一直保持着对新鲜事物的好奇心。《琐记》里写他读《天演论》："哦！原来世界上竟还有一个赫胥黎坐在书房里那么想，而且想得那么新鲜？"鲁迅先进了矿业学校，又到了水师学堂，最后毕业于医学专门学校，掌握了矿物学、解剖学、霉菌学等学科知识，却弃医从文，是一个在感性和理性两方面都非常发达的人物。这个种子，我们读《朝花夕拾》就知道是什么时候播下去的。

鲁迅追怀儿童的时光，有一些非常动人的场景。比如，《朝花夕拾》里面有两处写到夏夜纳凉，既有艺术与诗的氛围，又不乏科学的趣味。

鲁迅在《呐喊·自序》里，就写过他在绍兴会馆的夏夜乘凉，晚上会有槐蚕落到脖子上，冰凉冰凉。《朝花夕拾》里面也有两处，一处是在《狗·猫·鼠》里，写树下乘凉的时候，很庆幸故事里的猫没有教会老虎爬树的本领，否则现在树上会爬下一个老虎来，多可怕。一处是在《百草园与三味书屋》里，写到美女蛇，叫你你可不要应答。鲁迅写这些的时候，伴随着光影和声音。他说猫从桂树上下来，沙沙地有趾爪的爬搔声；飞蜈蚣来了，沙沙沙！风雨一样的声音。儿童记忆中间少不了有一些恐惧，它们结合成为细枝末节缠绕起来的立体的文本。所以说，《朝花夕拾》对儿童时代的呈现，对小孩子心理、行为、话语的描写，非常全面、细腻、深刻，牵动着我们的心弦，所以才会引起一代又一代人的共鸣，承载我们的集体记忆。

3.超自然的好奇心

这种恐惧、紧张，以及伴随着的期待、失落、失落之后的怅惘，在儿时的鲁迅身上有很特别的表现。他的世界里有一块地方，是今天的孩子们不大明白的，那就是一个鬼魅的、神秘的，甚至是迷信的世界。鲁迅在自然的好奇与科学的信仰之外，对超自然的东西也具有强烈的兴趣。有时候，我们甚至可以说，他被迷住了。在《二十四孝图》里，他说：

我的小同学因为专读“人之初性本善”读得要枯燥而死了，只好偷偷地翻开第一叶，看那题着“文星

> 高照”四个字的恶鬼一般的魁星像，来满足他幼稚的爱美的天性。昨天看这个，今天也看这个，然而他们的眼睛里还闪出苏醒和欢喜的光辉来。

这眼睛里闪着的“苏醒和欢喜的光辉”，是对着“恶鬼一般的魁星像”而发的，除了“爱美的天性”，恐怕还有对鬼神世界的好奇和迷恋。

如果我们问同学，世界上有没有鬼？回答当然是没有。我们今天的教育有一个巨大的成果，就是把鬼神彻底从我们的思想中驱除了。唯物主义的小孩子们，已经彻底没有神与鬼的概念了，现代的社会生活中也找不到鬼怪的影子了。但鲁迅那个时代不一样，鬼跟人如影随形，玄幻跟真实往往混在一起。那时候城市都还像乡村，邻里关系很近，相互之间信息是共通的。这一个池塘曾经淹死过一个小孩，那一座屋子的梁上曾经有女人在上面吊死。大家口耳相传。那些人虽然在肉体上彻底消失了，灵魂还在这个世界上游荡。而且，举头三尺有神明，书有书神，灶有灶神。鲁迅二十岁时就写过文章送灶神、祭书神。现在我们当然就说，这是迷信。但鲁迅对于鬼神世界，那些阎罗天子、牛首阿旁、城隍、无常，就是有拦不住的好奇。

鲁迅有意思的地方在于，他是科学的，也是迷信的。科学是他一生的思想主干，迷信倒是点缀他感情和经验的枝叶。这些枝叶形成了厚重的阴影。他有一个通达的说法，说是内心朴素的农民，一年劳作到头，“必求一扬其精神”。喝喝酒，看看戏，拜拜神，就是让精神的压力释放一下。

鲁迅小时候喜欢看迎神赛会，喜欢看戏。《社戏》那一篇小说就是证明。我们的孩子们现在很难想象，在一百多年以前，人们的文化活动多么贫乏，乡间一演就是好几个晚上的大戏，哪怕演员很蹩脚，都是了不得的文化大餐，能给人以难得的享受。鲁迅最初的美育教育中，这样的社戏和迎神赛会占有很重的分量。

《朝花夕拾》就典型反映了鲁迅思想和情感中对神异世界的兴趣。《无常》这一篇，还有《五猖会》那半篇，都是写这个题目的。很多人对《无常》这一篇评价很高。周作人说：“活无常的描写实在很是出色，真足够做他永久的纪念，此外只有一篇《女吊》可以相比。”夏济安在《鲁迅作品的黑暗面》里说：

> 鲁迅对其中的一些鬼魂甚至还悄悄怀藏着爱意，

譬如，他对目连戏里的鬼魂人物就带着一种宠溺的偏爱。极少有作家能这样热忱地描写这种恐怖的题材，而鲁迅作为社会改革家，竟然对民间流传的迷信思想怀有同情，更是出人意料，也正因为如此，《无常》《女吊》两篇作品才显得愈发珍贵。

鲁迅对于鬼神世界的好奇，就在于这“同情”二字。同样是写神仙狐鬼精魅故事，蒲松龄的《聊斋志异》，曾经得到鲁迅这样的评语：“花妖狐魅，多具人情，和易可亲，忘为异类”“畸人异行，出于幻域，顿入人间”。“异类”有“人情”，“幻域”即“人间”。鲁迅笔下的鬼神不也是这样吗？《无常》里说他“在故乡时候，和‘下等人’一同，常常这样高兴地正视过这鬼而人，理而情，可怖而可爱的无常；而且欣赏他脸上的哭或笑，口头的硬语与谐谈……”。

无常是“鬼而人，理而情，可怖而可爱”，虽然是以鬼的面目出现，但有着人的七情六欲，而且合人世间的情，也合人世间的理。为什么过去的社会上有那么多迷信的人们？因为有苦无处说，有冤无处申，所以才把希望寄托在阴间的鬼神身上。

> 他们——敝同乡“下等人”——的许多，活着，苦着，被流言，被反噬，因了积久的经验，知道阳间维持“公理”的只有一个会，而且这会的本身就是“遥遥茫茫”，于是乎势不得不发生对于阴间的神往。人是大抵自以为衔些冤抑的；活的“正人君子”们只能骗鸟，若问愚民，他就可以不假思索地回答你：公正的裁判是在阴间！

裁判是严厉的，但又是通情达理的。鲁迅写无常很爽直，有人情，可以做朋友，所以才“可怖而可爱”。鲁迅在写无常、城隍，甚至美女蛇等时，都是一面很紧张，一面又很快活。他真懂得儿童的心理，要刺激，又害怕。大人有“对于阴间的神往”，小孩则只是好奇和迷恋。那种紧张的期待，那种刺激和害怕交织的辰光，鲁迅再也回不去了，所以他在《朝花夕拾》里，给了很大篇幅加以“悲哀的吊唁”。

四、成人的世界

告别了蟋蟀们，告别了覆盆子们，告别了迎神赛会和社戏，《朝花夕拾》告别了美好的童年，写到了少年和青年。《从百草园到三味书屋》事实上已经从一个更美好的世界离开了，他一步一步地往前走，世界也就越来越成人化，而成人的世界是离奇的、芜杂的、难受得多的。《二十四孝图》里说，“在中国的天地间，不但做人，便是做鬼，也艰难极了”。但是，鲁迅的批评并不是那么激烈，他觉得这个世界可笑的成分大于可恶。如果归纳一下，成人的问题主要有几个方面：一是做事情马马虎虎，经常处于一个“不甚了然”的状态；二是到头来也没有一个解决办法，什么都没法改变；三是一种劣根性，喜欢背后发议论，那就是流言的“切切察察”。

1. “不甚了然”

《琐记》里面提到了一个青龙山的煤矿，把以前的技师辞退了，换了一个“不甚了然”的人，理由是原来的技师薪水贵了，而开煤矿并不难。“于是不到一年，就连煤在哪里也不甚了然起来……”“不甚了然”几个字很轻描淡写，但是却很关键。比如《琐记》接下来写到日本留学，大家都没有经验，就去请教一个早一年毕业的“前辈同学”——这是个生造词，自带讽刺意味。那个人就说，第一，日本的袜子不能穿；第二，要多换些他们的现银。结果到了日本，中国袜完全没有用，而且一块钱的银元日本早已经都废了。可见那位仁兄也是“不甚了然”。

《朝花夕拾》里，鲁迅对中国社会，对中国近代种种落后情况的批评，没有《呐喊》《热风》那么尖锐，主要是揶揄和不动声色的冷嘲。中国人的主要问题是不专业，不认真，凡事马马虎虎，总之是“不甚了然”。我们可以集中来看一看《父亲的病》。

中医在鲁迅的眼里，是中国人“不甚了然”的重灾区。《父亲的病》对中医的批评，就是在于他们没有科学的态度，说什么“医者，意也”，其实就是靠猜，靠碰运气。有一个病人，百药无效，一个叫叶天士的先生，只在旧方上加了一味药引，也就是梧桐叶子，只一服，就豁然痊愈。说什么梧桐先知秋期，故以秋气动之，就OK了。“我虽然并不了然，但也十分佩服。”

《无常》里写郎中，开了药方：附子、肉桂，外加牛膝。“第一煎吃下去，冷汗发出；第二煎吃下去，两脚笔直。”鲁迅在笑谑之间，就把一个中医的昏庸误人写出来了。《无常》引出的苗头，到了《父亲的病》就大写特写。《父亲的病》出现过两位名医，“凡国手，都能够起死回生的”，开了许多稀奇古怪的药方，但最后父亲还是去世了。

《父亲的病》里写到的两位老中医，其相同点与不同点，都很有趣。相同点是：第一个，出诊费都高，高到一元四角一次，当年是一笔巨款。第二个，态度都好。前一位讲话“极其诚恳”，后一位也“恳切详细”。

不同点是，第二个，用药怪。前一位已经很怪了，要经霜三年的甘蔗。后一位更怪，要一对原配的蟋蟀。为什么要原配呢？离了婚再结婚也不行吗？鲁迅在写的时候，已经是很冷静表达了，他只陈述事实，并不戳穿他们事实上无能的真相。

第一个不同点，就更有意思了：“前回的名医的脸是圆而胖的，他却长而胖了：这一点颇不同。”——没有比这个更辛辣的讽刺了，表面上却一点看不出来。鲁迅的意思是，除了高矮肥瘦不同，中医的水平是一样的，都是“不甚了然”的巫术，“是一种有意的或无意的骗子”。鲁迅用了皮里阳秋的语言，把中医损得不轻。

2. “无法可想”

“无法可想”简直是鲁迅的口头禅，在《朝花夕拾》里也出现得很频繁。略数一数，便有以下几例：“我想，这实在是无法可想了”（《阿长与〈山海经〉》）；“简直是无法可想”，“又有什么法子可想呢”（《二十四孝图》）；“但是，有什么法子呢？”“便也无法可想”（《五猖会》）；“呜呼，无法可想！”（《藤野先生》）；“一点法子都没有”（《范爱农》）。

鲁迅这么说，在儿童时代，是对成人世界的无奈，因为造成的压迫多于呵护。而在青年时代，他是看到了成人世界的一塌糊涂，不可救药，便产生了一种挥之不去的无力感。也可以叫作绝望。比如《范爱农》这一篇，开头写徐锡麟被捕，“杀的杀掉了，死的死掉了”，没有别的法子了，除了发个电报。范爱农在故乡被人排挤，走投无路，却期望着哪一天鲁迅来电报，叫他上北京，可鲁迅却没办法在北京给他找到事情做。整本《朝花夕拾》以这个结局作为收束，是很令人气闷的。这是一个“坏的故事”。

鲁迅在水师学堂看到的是一片乌烟瘴气；在东京的留

学生中看到的是到处乱七八糟；在与范爱农一起时，看到的是虽经辛亥革命，但社会上其实一点都没有改进，内骨子依旧，铁路股东是行政司长，钱店掌柜是军械司长，孔教会长后来也做了师范学校的校长。鲁迅不像胡适。胡适单纯而乐观，认为凡是旧中国的弊病，只要认真起来，就都有解决的办法。鲁迅看到的是国人的“不甚了然”，凡事敷衍，忽悠，自欺欺人，所以不容易找到解决办法，何况也懒得找。

在《父亲的病》中，第一个名医说，“我所有的学问，都用尽了”，第二个名医说，“我这样用药还会不大见效”，结果只剩下：“父亲的喘气颇长久，连我也听得很吃力，然而谁也不能帮助他。”一切都实在是没有办法了。但是，《父亲的病》里，与中医形成隐性的对立的，是西医。鲁迅在仙台学了解剖学、霉菌学，他知道西医有解决办法。所以你看鲁迅1925年生病，看的都是山本医院。后来1926年，又看德国医院、法国医院。因为他不相信“败鼓皮丸”和“原配的蟋蟀”能有任何疗效，他是正宗学过西医的。但是，面对父亲的病无计可施的第二位名医，却坐在飞快的轿子里，行医之外，“正在和只长于外科的西医奋斗哩”。于是，鲁迅肯定又在摇头：这真是无法可想。

3.“切切察察”

我们能看得出来，《朝花夕拾》里，没有哪一个人是十恶不赦的。他们如果有什么阴暗面，能够给作者造成困扰的，就是他们喜欢背地里说人坏话。这就是流言，从第一篇的开头就出现了，而且一直贯穿到最后一篇《范爱农》。《阿长与〈山海经〉》里写得很形象：

> 最讨厌的是常喜欢切切察察，向人们低声絮说些什么事。还竖起第二个手指，在空中上下摇动，或者点着对手或自己的鼻尖。我的家里一有些小风波，不知怎的我总疑心和这“切切察察”有些关系。

《狗·猫·鼠》为什么花那么多的笔墨，游离于主题之外，谈一些名人学者，谈一些流言家？因为在1925年那些混乱的笔仗中，鲁迅吃了陈西滢等人许多流言的亏。所以，鲁迅为他们造出一个名词：“流言家”。

鲁迅对“流言家”深恶痛绝。但是，在《朝花夕拾》这样一系列书写很放松的回忆文章里，鲁迅的批判也温和得多了。他现在发现，大人的世界总是充满了流言。衍太太喜欢搬弄是非，说“我”已经偷了家里的东西去变卖了。最恶劣的是《藤野先生》里的那些日本同学，只要超过了60分，就不是你中国人的本事了，一定是老师事先透露了题目，等等。鲁迅受到极大的伤害，幻灯片事件之外，就数这种背地里的抹黑。

五、温厚与幽默

在我们的印象里，鲁迅是一个斗士，笔下毫不留情，对黑暗与邪恶，对人对事，都在不屈不挠、不依不饶地攻击，而且一个都不宽恕。但是，《朝花夕拾》是一本回忆之书。回忆中有温热，因为写到了自己的儿童时代，和少年与青年岁月，里面有许多悲伤和烦闷，但更多的是“快活”和“欢喜”，这些都是鲁迅爱用的词。哪怕写到后来的成人的世界，鲁迅也是“欣赏他脸上的哭或笑，口头的硬语与谐谈”。我们喜欢读这本回忆之书，就因为作者的心地是温厚的，而且笔调是幽默的。

1.幽默的笔调

鲁迅是严肃的，也是幽默的。他的幽默感无处不在，在《朝花夕拾》中表现得也尤其丰富，因为我们说过了，这是鲁迅最放松的写作。比如《狗·猫·鼠》里写小老鼠：

> 几百年的老屋中的豆油灯的微光下，是老鼠跳梁的世界，飘忽地走着，吱吱地叫着，那态度往往比“名人名教授”还轩昂。

又比如《无常》里写迎神赛会上的鬼王：

> 据传说，鬼王是只用一只脚走路的；但他究竟是乡下人，虽然脸上已经画上些鱼鳞或者别的什么鳞，却仍然只得用了两只脚走路。

他接下来说，“所以看客对于他们不很敬畏，也不大留心”。鲁迅对乡间的人们的势利眼经常要讽刺那么一下。后面又说到无常家的少爷，大家却叫他阿领，“对于他似乎都不很表敬意”，因为不是无常亲生的。无常为什么要“节育”呢？因为他怕儿女一多，爱说闲话的会在背后“切切察察”来陷害他。鲁迅行文中是随时要开点玩笑的。

我们现在经常会说一个人“有钱任性”，其实这话鲁迅早已说过，而且说得比这有趣得多。《父亲的病》一开头就写到名医，他出诊原来是一元四角，特急十元，深夜加倍，出城又加倍。有一天夜里，一家城外人家的闺女生病来请他——

因为他其时已经阔得不耐烦，便非一百元不去。

“阔得不耐烦”就是“有钱任性”。后面还有加倍再加倍，开了方子后，主人多了一句话，说病很重，药怕还得重一点。名医说好，又写了一张条子，两百元。但主人“笑面承迎”，又“很客气地送他出来”。怎样叫作“阔”，又怎样一个“任性”“不耐烦”？文中轻描淡写，却写绝了。近似于现在人常说的“凡尔赛文学”，也是这种低调的炫耀。

《范爱农》里，作者说：

我被摆在师范学校校长的饭碗旁边，王都督给了我校款二百元。

换句话说，就是王都督给了我二百元办校经费，让我做了师范学校的校长。但鲁迅的表述既幽默又形象，意思也要多得多。突出一个“饭碗”，无非是说王都督赏口饭给我吃，而我好像也只是要混口饭吃。这样的调侃，说不上是对王金发还是对自己，真令人忍俊不禁。而且，“饭碗旁边”跟“校款二百元”还信手拈来地押了个韵，造成顺口溜一样的浮滑效果。

我们读《阿长与〈山海经〉》，有一个印象永远忘不了：

> 睡觉时她又伸开两脚两手，在床中间摆成一个“大”字，挤得我没有余地翻身……但到夜里，我热得醒来的时候，却仍然看见满床摆着一个“大”字，一条臂膊还搁在我的颈子上。

我们稍微注意一下鲁迅的用字。前一句是阿长在床中间“摆成”一个“大”字，第二句再一次发现，却仍然看见满床“摆着”一个“大”字。前面是“摆成”，后面是“摆着”。用词真是一丝不苟，因为前面是初次介绍，不能用“摆着”，后面已不需要说明，不能用“摆成”。

就像一个“大”字，鲁迅最善于使用一个直观的形象，对人做一下子就到位的刻画。《琐记》里，写到了南京的水师学堂，遇见高年级学生将肘弯撑开着走路，名之为“螃蟹式的名公巨卿”，真是“状难写之景如在目前，含不尽之意见于言外”。《藤野先生》的开头说樱花树下成群结队的“清国留学生”的速成班：

> 头顶上盘着大辫子，顶得学生制帽的顶上高高耸起，形成一座富士山。

要知道，这里用黄山、泰山都形容不当，因为富士山是一座圆锥一样孤立的山，也不特别高，而且关键是在日本。这叫就近取譬，远了就不相干。

鲁迅深恶痛绝那种违反天性、悖逆人情的人和事。《二十四孝图》里，他说，我小时候也未曾蓄意忤逆，对父母极愿意孝顺的。哪里想到古人把孝顺的门槛提得太高了，让人够不着。二十四孝的劝善文里，总是要把好人好事表现得那么出格，那么不寻常，简直是鼓励人使诈作伪，起到的是反作用。但是他的批评，并不是“最黑，最黑，最黑的咒文”，他经常开玩笑。比如他说，如果有阔人请我吃饭，我就学“陆绩怀橘”，偷偷地把主人家的橘子塞到怀里面，跪着答话：我母亲喜欢吃橘子，我带回去给她。“阔人大佩服，于是孝子就做稳了，也非常省事。”

他最讨厌二十四孝里面的“老莱娱亲”和“郭巨埋儿”。但鲁迅写着写着，开起玩笑来了。他说你看因为父亲病了，常听到父母愁柴米，祖母又老了，“倘使我的父亲竟学了郭巨，那么，该埋的不正是我么?”“后来这一份担心一直等到祖母去世，我才放下心来。”说得像煞有介事，但我们知道他是调侃。

2. 给人品打分

在《朝花夕拾》的十篇文章里面，鲁迅写到这些人物，往往是饱含深情，连讽刺挖苦也经常是出于善意的，人物身上可笑的成分也大于可恶。所以我们说作者的心地是温厚的。对于其中写到的一系列人物，我们可以试着给他们打分，看看是不是非黑即白，非善即恶。

藤野先生人品最高，无懈可击。三味书屋里的寿镜吾先生，“他是本城中极方正，质朴，博学的人”，虽然看起来对学生很严厉，但其实是和善的。他有戒尺，却是不常用。也罚跪，但也不经常罚，哪怕我们在院子里面稍微玩得久一些，也就叫我们回来读书而已。而且他老人家读书那么忘情：“‘铁如意，指挥倜傥，一座皆惊呢~~~~’……将头仰起，摇着，向后面拗过去，拗过去。”鲁迅对他的两位老师，是充满感情的。

长妈妈当然好，除了夏天睡觉占地方，除了迷信。还有一些缺点，比如不说实话。迅哥养的隐鼠事实上是她弄死的，她却说是猫吃去了。再就是喜欢“切切察察”，在背地里说人长短。但作者两次说到对长妈妈“发生过空前的敬意”“发生新的敬意”，前一次是调侃，后一次就是真的了，因为她给买来了心爱的《山海经》。“别人不肯做，或不能做的事，她却能够做成功。她确有伟大的神力。”所以文章最后，鲁迅用了全书最浓烈的感情写道：“仁厚黑暗的地母呵，愿在你怀里永安她的魂灵！”

父亲没法打分。鲁迅很爱自己的父亲，为了给久病的父亲买药，他有整整四年每天出入于当铺和药店，从高他一倍的柜台外送上衣服或首饰去，在侮蔑里接了钱，再到跟他一样高的柜台边递上钱，接过药。但是父亲对他又是严厉的。这一点尤其表现在《五猖会》中。“我至今一想起，还诧异我的父亲何以要在那个时候叫我来背书。”我们也都很诧异吧？为什么要在孩子的兴头上泼冷水？难道不是朱熹《童蒙须知》那些教训的遗风？这篇文章写法很有意思，本来以为前一半竭力渲染的五猖会将是全文的高潮，“我笑着跳着，催他们要搬得快”，但作者偏要来个反高潮，后一半偏写被父亲截留了去背书。这个写法，本身就反映了父亲的做法，生怕孩子过分开心，而忘掉了所有的快乐都要付出代价。

衍太太分数比较低一些。开头还是好的，鼓励小朋友游戏，跌破了回去要给家长骂，但衍太太决不埋怨，会用烧酒调了水粉给你搽在疙瘩上，非常贴心。也愿意跟作者谈闲天。但问题是表里不一，搬弄是非很厉害，让人非常被动。但要说作者对她有多么痛恨，却说不上来。她是一个优点和缺点都很鲜明的邻人，代表了我们日常所见的大多数。

两位名医，鲁迅当然是有怨言的，但语调还是冷嘲占上风。他并没有直接指责中医是骗人的，只是两位名医是处在一个可疑的传统里却不自知，结果估计是把自己也给骗了，而且骗得死死的。鲁迅对他们用药的荒唐，极尽嘲讽之能事，但更多的是悲悯。从“不甚了然”，到“无法可想”，顶多算是庸医，而不算是什么大奸大恶之人。

连对《范爱农》里的王金发大都督，鲁迅也是用了半调侃的语气来写。进了城，掌了权，身边人也都换上了皮袍子了，“天气还并不冷”。王金发也算知人识人懂得用人，任命鲁迅为师范学校校长，还给了二百元办学经费，而且骂过他也还能继续讨到经费。拿了他的校款还去骂他，他也并不是马上派人来捣毁报馆。虽然是绿林学校出身的革命党，王金发却绝对算不上坏人。

六、“大概很杂乱”

拉拉杂杂地讲到这里，现在我们要问，这十篇文章，都是散文或者说随笔，鲁迅只是顺着时间的先后依次写下来的吗？在《朝花夕拾》的小引里，他说过：

> 这十篇就是从记忆中抄出来的，与实际内容或有些不同，然而我现在只记得是这样。文体大概很杂乱，因为是或作或辍，经了九个月之多。环境也不一：前两篇写于北京寓所的东壁下；中三篇是流离中所作，地方是医院和木匠房；后五篇却在厦门大学的图书馆的楼上，已经是被学者们挤出集团之后了。

“文体”在这里是指文章的形式。鲁迅是一个文体大师，写东西还会“杂乱”吗？但是，“杂乱”的确是给读者的初始印象。但是，如果一篇接一篇看下来，我们会发现各篇之间很有一些记忆的勾连，文笔的穿插与呼应。这说明，鲁迅在写作成文和编辑成书的时候，有一个整体的规划。

比如，《阿长与〈山海经〉》里面写的长妈妈，在《狗·猫·鼠》里已露过面。《无常》里面大写特写的迎神赛会，也出现在《五猖会》里。《父亲的病》写的医生或者说郎中，《无常》里同样有过。《琐记》开头的衍太太，在《父亲的病》的最后也掺和进来了。所以说，《朝花夕拾》里面的文章看似独立，其实经过巧妙的布置，文笔往往相互勾连，彼此映照。

这种勾连和映照，一篇篇地读《朝花夕拾》，感觉就会很分明。在《藤野先生》里，先生批评作者把血管移了一点位置，说解剖图不是美术，不能因为美观而牺牲了真实。作者嘀嘀咕咕说：“图还是我画的不错。”为什么这么说呢？你再回去看，《从百草园到三味书屋》的最后一段，写他“书没有读成，画的成绩却不少了”，最成片段的是《荡寇志》和《西游记》的绣像，后来卖给一个有钱的同窗。还有《二十四孝图》，那是自己收得的最先的图画本子。《阿长与〈山海经〉》也写了自己搜集许多绘图的书。这些都是有意无意的穿插与对照。

我们对《朝花夕拾》做一个整体的回顾。在心力交瘁的1926年，鲁迅在某些时段，沉浸到对往昔的回忆中去了。无忧无虑的百草园，忧喜参半的三味书屋，横躺成一个“大”字的阿长，孩子们的“教唆犯”衍太太，还有五猖会的盛事。鲁迅用他极为生动的语言加以再现，“给我们的永逝的韶光一个悲哀的吊唁”。悲哀不只是现在来看，就连在当年，儿童的快乐里面也还有很多的凄凉。《五猖会》第二段写赛会后的纪念品，一文钱买的一个哨子，用一点烂泥，几只小羽毛做的，“吡吡地吹它两三天”。在《二十四孝图》里，他说：“每看见小学生欢天喜地地看着一本粗拙的《儿童世界》之类，另想到别国的儿童用书的精美，自然要觉得中国儿童的可怜。”然而，当年虽然可怜兮兮，但逝去的时间毕竟是美好的，可惜永远不会再回来。

在故乡度过了童年，与“人生识字忧患始”的少年，然后是“走异路，逃异地，去寻求别样的人们”。从少年到青年，鲁迅所经历的一系列乐事、趣事、伤心事以及糗事，鲁迅都一一做了回顾。但是情绪越来越低沉，心情越来越芜杂。到了最后一篇《范爱农》，简直是灰暗的人生，让人想起鲁迅的《在酒楼上》和《孤独者》。因为大环境没有什么改变，所以像《在酒楼上》里写的蜂子或蝇子，飞了一个小圈子，又回来停在原地点；像《孤独者》写的一匹受伤的狼，在旷野中嗥叫，夹杂着愤怒和悲哀。

我们读《朝花夕拾》，一篇有一篇的读法，整本有整本的读法。而且，《朝花夕拾》与鲁迅其他的小说、散文和杂文，也形成了许许多多的勾连与呼应。我们读鲁迅，可以把这本《朝花夕拾》看成他情感经验的根据地。这是他出发的地方，是他“人穷则反本”的那个“本”。

七　《故事新编》的后现代议题

《故事新编》面世七十年来，一直让众多的评论者为难，因为没法给它准确地定性、定位。竹内好的看法很有代表性，他坦言自己“看不懂”，说自己写《鲁迅》这本书：“当初的计划是从《呐喊》写到《野草》，以为这样写下来《故事新编》也就自然包括在其中了。但写完了一看才发现，《故事新编》不仅没有包括进去，反倒像跟全体对立一样展示着一个新的世界。”[①]

“像跟全体对立一样展示着一个新的世界”，这句话说

① 竹内好：《近代的超克》，孙歌编，李冬木、赵京华、孙歌译，生活·读书·新知三联书店，2005年，第101页。

明竹内好是直觉到了《故事新编》超越鲁迅此前所有创作，也超越作者所处时代的思想与文学品质。这些品质，连鲁迅自己也不能确凿地认知。所以当时他并不看好这个集子，而屡屡跟友人说：“《故事新编》……内容颇有些油滑，并不佳。”（1936年1月18日致王冶秋信）“《故事新编》是根据传说改写的东西，没有什么可取。”（1936年2月3日致增田涉信）“去年印了一本《故事新编》，是用神话和传说做材料的，并不是好作品。”（1936年7月23日致雅罗斯拉夫·普实克信）的确，与《呐喊》《野草》等作品的沉重与严肃相比，《故事新编》实在太轻松甚至太油滑了。鲁迅对它的价值没有把握，因为他尽管思想一贯“躐等”或曰“超前”，这回写的却是类似司汤达所宣称的，五十年后才有人读，一百年后才有人懂的作品。

如果贴标签有助于说明问题，那么我想说，《呐喊》与《彷徨》是现实主义的，《野草》是现代主义的，而《故事新编》，正如今天的读者所意识到的那样，是后现代主义的。当代文学评论家和历史哲学家，从《故事新编》的系列文本中一定会得到极大的满足，因为这些涉笔成趣的文本，触及了当今一些最流行的理论话题：绝对真理是应该质疑的；真相是不可究诘的；历史的本质是叙事，而

“叙事有时也有一点旧书上的根据，有时却不过信口开河”；所谓信史，不过是一份瞎子作为目击证人的证词；而所谓正史，也不过是状元宰相的文章，帝王将相的家谱，是一种堂哉皇哉的宏大叙事。

鲁迅用八则“新编”的“故事”，轻松地揭了信史的底，油滑地颠覆了正史的神话与威权。由于《故事新编》思维的发散性与文字的不确定性，本文亦将稍重感悟，较多发挥，如鲁迅对待他所根据的文献那样，“只取一点因由，随意点染”。也就是说，这不是一篇严谨的学术论文，而是给未来的论者预先积下些做论的材料。

一、瞎子所证实的传闻

《采薇》一开头，写叔齐和伯夷的一段对话，非常有趣：

> “您听到过从商王那里，逃来两个瞎子的事了罢。”
>
> “唔，前几天，散宜生好像提起过。我没有留心。”
>
> “我今天去拜访过了。一个是太师疵，一个是少师强，还带来许多乐器。……您不早听到过商王无

道，砍早上渡河不怕水冷的人的脚骨，看看他的骨髓，挖出比干王爷的心来，看它可有七窍吗？先前还是传闻，瞎子一到，可就证实了。”

最后这句话，其实暗藏了一个狡黠的语言陷阱。瞎子是不可能证实传闻的，因为一般而言，目盲者只能够听闻一切，对于商纣王“斫朝涉之胫，剖贤人之心”的暴虐行为，他所得到的信息，并不比别人得到的可靠多少。

《故事新编》看似“大话”与“戏说”，细按之下，却往往是“博考文献，言必有据”。然而这个“据”无非是“一点旧书上的根据”，“信”不“信”还是有疑问的。鲁迅在本书的自序里，也在给朋友的书信中，一再说他拾取的是古代的神话和传说而足成之。看来，他是把《尚书》《左传》《史记》这些历史著作，与《山海经》《淮南子》一样都视为“神话”与“传说”，混同在“虚构的坩埚”里了。《采薇》里还有一段奇妙的文字：

大家都睡得静静的了，门口却还有人在谈天。叔齐是向来不偷听人家谈话的，这一回可不知怎的，竟停了脚步，同时也侧着耳朵。

然后就是《史记·周本纪》所载的武王入商、纣王自焚的一段文字的灵活译叙，直到叔齐“掩住耳朵”。这就等于说，那一伟大的历史时刻的庄严记录，居然是听壁角听来的传闻。讲述者“大约是回来的伤兵”，而且他也“没有挤近去看”，老在说“谁知道呢。我也没有看见……”

《公羊传》再三讲道：“所见异辞，所闻异辞，所传闻异辞。”周策纵曾赞赏这一表述的精当：“依我的看法，这短短的三句话至少指出了对历史两个敏锐的观察：一是把亲自所见的，所闻的和间接所传闻的区分开来，这样就可大致判断，直接见到的比较可信和可知其详……另一是指无论所见、所闻或所传闻的，报道起来，都不会完全相同，都将各有‘异辞’。”[①]但后现代主义的历史观是，除了“辞”，也就是叙事，别无史实可言。何况历史的创造者，以及旁观者如“直接见到”的那位伤兵，一般都不会是历史的记叙者，成文的历史几乎都只能认定是“间接所传闻的”，是一些“生无旁证，死无对证”的事情，哪里区分得开来是见闻还是传闻呢？《文心雕龙·史传》有云：

① 周策纵：《五四运动史》，岳麓书社，1999年，第10页。

> 传闻而欲伟其事，录远而欲详其迹，于是弃同即异，穿凿傍说，旧史所无，我书则传，此讹滥之本源，而述远之巨蠹也。

“所传闻异辞”，导致了异质话语的多元共存。过去发生过的大写的“历史”（history）被人多嘴杂地叙事成为彼此不无矛盾的“故事”（his-stories）。《故事新编》里，正不乏此类莫衷一是的传闻：

> 然而夏夜纳凉的时候，有时还谈起他们的事情来。有人说是老死的，有人说是病死的，有人说是给抢羊皮袍子的强盗杀死的。后来又有人说其实恐怕是故意饿死的，因为他从小丙君府上的鸦头阿金姐那里听来……。(《采薇》)

> 禹微微一笑：“我知道的。有人说我的爸爸变了黄熊，也有人说他变了三足鳖，也有人说我在求名，图利。说就是了。
>
> 关于禹爷的新闻，也和珍宝的入京一同多起来了。

> 百姓的檐前，路旁的树下，大家都在谈他的故事；最多的是他怎样夜里化为黄熊，用嘴和爪子，一拱一拱的疏通了九河，以及怎样请了天兵天将，捉住兴风作浪的妖怪无支祁，镇在龟山的脚下。(《理水》)

传闻纷歧，结果是“讹滥”。不仅老百姓说禹的父亲变了“三足鳖”，连禹的太太也说他老子“掉在池子里变大忘八”。甚至连当事人自己的陈述也不算数，《奔月》里后羿的遭遇就是明证，他碰见的那个老婆子，真叫有眼不识泰山：

> “夷羿？……谁呢？我不知道。”她看着他的脸，说。
>
> “有些人是一听就知道的。尧爷的时候，我曾经射死过几匹野猪，几条蛇……。”
>
> “哈哈，骗子！那是逢蒙老爷和别人合伙射死的。也许有你在内罢；但你倒说是你自己了，好不识羞！”

后羿本来已经很低调了，不仅没有显摆当年射日的丰功伟绩，连所射的“封豕长蛇”也轻描淡写成“几匹野猪，几条蛇”，却还是免不了被老婆子看成“说诳”。这也难怪，因为即便是嫦娥，都“似乎不大记得”他去射了好几回丈母娘门前走过的黑瞎子。“讹滥”的极致，我以为要数《铸剑》里写眉间尺的母亲痛说家史时，那非常无厘头的表述：

> 她严肃地说，“……二十年前，王妃生下了一块铁……”

严肃一旦与荒诞联姻，事实一旦与虚构接壤，历史被赋予的神圣性与可信度便顷刻瓦解了。在《理水》中，鲁迅用一个“鸟头先生”狠狠挖苦了历史学家顾颉刚，憎恨于“只要看他的《古史辨》，已将古史‘辨’成没有，自己也不再有路可走”。可是顾颉刚倡导的“用故事的眼光解释古史”的方法，和“层累地造成中国古史”的理论，跟新历史主义的后现代思路倒颇为吻合。当他说，“因为古代的文献可征的已很少，我们要否认伪史是可以比较各书而判定的，但要承认信史便没有实际的证明了”[①]，“从

① 顾颉刚：《与钱玄同先生论古史书》，见《古史辨》第1册，上海古籍出版社，1982年，第59页。

此以后我对于古史的主要观点，不在它的真相而在它的变化。我以为一件故事的真相究竟如何，当世的人也未必能知道真确，何况我们这些晚辈”①，他其实与鲁迅《故事新编》里的以讽喻进行的颠覆活动如出一辙。信史无法做实际的证明，这个观点，从下面一节可以得到说明。

二、多元就是有三个头

我们的时代是多元的时代，价值多元，意义多元，真理多元，等等。而所谓“元”者，本义即“人头”，后来才引申为“本原”的意思。人头的数目，殊不简单，关系到现代哲学上的一个大问题。

一元论的形而上学观点，只认定一个头为真，会将它供奉在祭坛上顶礼膜拜。而一元独尊的逻各斯中心主义思维，当然地导致二元对立，即设一个头为真，另一个头为假；或设一个头为尊，另一个头为卑……可现在的问题是，我们面对的不是一个头，也不是两个头，而是三个头。这就是真正的“多元”了。“咱们大王只有一个头。

① 顾颉刚:《答李玄伯先生》，见《古史辨》第1册，第273页。

哪一个是咱们大王的呢？”楚王第九个妃子焦急的一问，反映的是哲学史上一个亘古的困惑。

鲁迅的《铸剑》，以《列异传》与《搜神记》的一个复仇故事为主干，但最精彩的创造在后半部分，他放纵其想象于头颅的幻术，恣肆其戏谑于辨头的疑案。我们满可以将那场极认真又极油滑的辨别大王头颅的喜剧，读成一则哲学的寓言。虽然作者本心并不在此，但是，从中也可见鲁迅思想的超绝之处。“欲知本味……本味何能知？……本味又何由知？”在经过了痛苦的追寻之后，鲁迅显然能够轻易地理解后现代的知识状况了，因为他本来就天才地具有对于一元化真理之虚妄的洞悉。

传统形而上学是一元的哲学，强调同一、正统、绝对、本原。它承诺给我们一个终极真理，或绝对实在，可是其实只不过是一种语言的织品，一种概念的纯粹抽象物，因为从来不曾有过原生态的血肉俱全的真理与实在：

> “如果皮肉没有煮烂，那就容易辨别了。”一个侏儒跪着说。

这真是思想的侏儒，说的是毫无意义的废话。“三头悉烂，不可分别”，是宿命地落在我们面前的困局。我们只能在能指与所指分离的条件下谈论事物，不能像中世纪某个语言学会曾经严格规定的，凡谈论某事物必须携带着那事物；也不能去绘制一比一的帝国地图。

在那场王后与妃子、大臣与太监辨识王的头的闹剧里，我们看到了追求真理的努力陷入的窘境。任何确定性的信念都不断受到挑战，单一的理性标准最终被证明是一种幻觉：

> 大家只得平心静气，去细看那头骨，但是黑白大小，都差不多，连那孩子的头，也无从分辨。王后说王的右额上有一个疤，是做太子时候跌伤的，怕骨上也有痕迹。果然，侏儒在一个头骨上发见了；大家正在欢喜的时候，另外的一个侏儒却又在较黄的头骨的右额上看出相仿的瘢痕来。
>
> “我有法子。”第三个王妃得意地说，“咱们大王的龙准是很高的。”
>
> 太监们即刻动手研究鼻准骨，有一个确也似乎比较地高，但究竟相差无几；最可惜的是右额上却并无跌伤的瘢痕。

"况且，"老臣们向太监说，"大王的后枕骨是这么尖的么？"

"奴才们向来就没有留心看过大王的后枕骨……。"

王后和妃子们也各自回想起来，有的说是尖的，有的说是平的。叫梳头太监来问的时候，却一句话也不说。

瘢痕的有无，鼻准骨的高低，后枕骨的尖平，这些检验真理的标准不断地产生出来，它们彼此龃龉，相互否定，却老是被事实宣判为无效，从而暴露出普遍的一般性标准之不存在。我们自诩的知识的客观性，被典型地表述为"确也似乎比较地×"这么一个充满不确定性的公式。而所有煞有介事的"分辨""研究"和"讨论"，最后被证明为只不过是建立在不可证明的事物之上。

传统的形而上学真理观，错以为是在同唯一的实在与本原打交道，却悲惨地发现，其实打交道的不过是它们的替代物、补充物，甚至仿造物。另外两个头是以替代、补充或仿制的形式出现的，却僭越了大王的头，用非正统、反中心、不确定性颠覆了正统、中心、确定性，引入了另外的可以兼容的解释，从本质上认定了真理是自由的。三头疑案，到头来成了一桩无头公案。结案的方式是苦涩而又可笑的：

> 一个最慎重妥善的办法，是：只能将三个头骨都和王的身体放在金棺里落葬。

这是一场后现代主义的葬礼。戴着王冠而被独尊的绝对真理，屈辱地与假冒伪劣品合葬在一起了。“假作真时真亦假”，求真者最后只得一视同仁，调和冲突，统一差异，而凭借着“对立面的混合物”重建了次一级的合法性。

> 几个义民很忠愤，咽着泪，怕那两个大逆不道的逆贼的魂灵，此时也和王一同享受祭礼，然而也无法可施。

这种“和稀泥”的解决办法，使得对于绝对真理的一腔孤忠成为笑柄。忠愤的“义民”所“怕”的，是一种合法性的元叙事被消解之后，导致真与假、对与错全然无区别的状态。可现状就是这样了，因为说到底，“然而也无法可施”。这是鲁迅最喜欢说的话，在《出关》中他又说了一遍：

> 总而言之：他用尽哲学的脑筋，只是一个没有法。

三、“堂哉皇哉兮嗳嗳唷”

《故事新编》里面有两类英雄：一类是利奥塔所说的“解放英雄”（hero of liberty），他们是后羿、大禹、伯夷和叔齐，以及墨子，以道德与事功为天下表率；一类是“知识英雄”（hero of knowledge），有老子、孔子和庄子，用言说深深影响了后世人的思想和行为。可是现在，前一类英雄中，后羿是严重惧内的，伯夷和叔齐的气节是被逼出来的，伤风鼻塞的墨子是很窝囊的，连大禹也都是有腐化的苗头的。后一类英雄则更可笑，徒有“大而无当”“不中用”的思想而已。总之，在《故事新编》里，英雄大多成了“反英雄”（anti-hero）。

鲁迅用种种琐碎、无聊、滑稽，拆解了一种权威化与合法化了的、由伟人和大事构成的宏大叙事；用征逐食色与名利的凡人的世俗生活，将神话的、政治的历史打回原形。他最典型的近乎促狭的做法，是在《铸剑》里唱出一句“堂哉皇哉兮嗳嗳唷”，用猥亵的小调吊销了雄伟的颂歌；是在《补天》的创世神话里安插一个古衣冠的小丈夫，“于是小说里就有一个小人物跑到女娲的两腿之间来，不但不必有，且将结构的宏大毁坏了”（《我怎么做起小说来》）。鲁迅对宏大结构的破坏、对宏大叙事的颠覆，当然不是权宜之计，而是一种既定的写作策略。也就是说，他是“认真”地“油滑”了。而这一“油滑”的写作，其突出的后现代特征有三，即“反讽”（irony）、“戏拟”（parody）和“狂欢”（carnival）。

海登·怀特（Hayden White）将反讽视作历史学家编排故事的四种模式之一。它挫败了读者对浪漫地、悲剧地和喜剧地解释历史这三种方式的正常期待，从骨子里对它们的“幼稚”阐述抱有深刻的敌意。它理解到人类状况的本质的愚蠢和荒诞，讽刺地看待人类生存的可能、希望和真理，而拒绝接受关于世界的形式论、机械论和有机论等任何先进的理论。[1]《故事新编》正是这样一类的“历史

---

①海登·怀特：《〈元历史：19世纪欧洲的历史想象〉之前言：历史的诗学》，见《后现代历史叙事学》，陈永国、张万娟译，中国社会科学出版社，2003年，第376—412页。

讽刺故事”（historical-satirical stories），总是用皮里阳秋的笔法，在对特定历史事件重叙与再现的同时，不动声色地暗含了自己的批判。我们只要看《采薇》里面，用了多少个“只好”和“只得”，就可以发现所谓伟大人物的高尚事迹，在特定情境下往往不是出自主观的意念，实乃迫于客观情势而不得不然：

> 这是沿路讨来的残饭，因为两人曾经议定，“不食周粟”，只好进了首阳山之后开始实行，所以当晚把它吃完，从明天起，就要坚守主义，绝不通融了。

> 又不料现在的周王竟“以臣弑君”起来，所以只好不食周粟，逃上首阳山，吃野菜活命……

> 您瞧，他们还不只好饿死吗？那里是为了我的话，倒是为了自己的贪心，贪嘴呵！……

> 您要是早一点，跟先前过去的那队马跑就好了。现在可只得先走这条路。前面岔路还多，再问罢。

伯夷说腰痛腿酸，简直站不起；叔齐只得独自去走走，看可有可吃的东西。

《故事新编》一系列“油滑”的文本，不止于偶尔地“戏拟”，事实上已经是后现代主义的“混合拟仿”（pastiche），里面充满了各种话语的碎片，具有强烈的狂欢色彩。庄子杂凑《千字文》《百家姓》的无厘头咒语，是一个小小的样板。有时候作者甚至不需要杂凑，只是将古代经籍作白话对译，哪怕语意完全忠实，也会造成油滑的效果。比如，《出关》里老子和孔子的对话，是从《庄子·天运》直译了来的，听起来却像是黑话与切口：

孔子不出，三月复见，曰：“丘得之矣。乌鹊孺，鱼傅沫，细要者化，有弟而兄啼。久矣夫，丘不与化为人；不与化为人，安能化人？”

老子曰：“可，丘得之矣。”（《庄子·天运》）

“那里那里，”孔子谦虚的说。“没有出门，在想着。想通了一点：鸦鹊亲嘴；鱼儿涂口水；细腰蜂儿化别个；怀了弟弟，做哥哥的就哭。我自己久不投在变化里了，这怎么能够变化别人呢！……”

“对对！”老子道。“您想通了！”（《出关》）

刘知几《史通·言语》里，引不同时代的历史记录中骂人的话，说较古的听起来“不失清雅”，较近的就“殊为鲁朴”了。他于是说，“已古者即谓其文，犹今者乃惊其质”，所以史家都“怯书今语，勇效昔言”。用《故事新编》里文白不同而雅俗各异的事实，可证明此言不虚。

《故事新编》是俗到骨子里去的。首阳山上的伯夷对叔齐说：“三弟，有什么捞儿没有？”实在是粗鄙不堪。但这正是被宏大叙事抹杀了的私人叙事，是给“立德”“立功”“立言”等等遮蔽了的“食色性也”。在鲁迅看来，但凡是人，不论尊卑雅俗，都首先存在一个“吃饭”问题。《故事新编》里，食物成为无处不在的符号，具有核心的意义。《理水》里边，文化山上的学者们因为有奇肱国定期空投的粮食才能够研究学问，乡下人于是说：“可恨的是愚人的肚子却和聪明人的一样：也要饿。”但《故事新编》绝大多数篇章都旨在说明相同的道理：英雄和平常人一样也会饿肚子。《非攻》中，墨子在归途上走得慢，“干粮已经吃完，难免觉得肚子饿”。而《出关》里的老子说是上流沙去，关尹喜却冷冷地说，关外没有吃和喝，“肚子饿起来，我看是后来还要回到我们这里来的”。《奔月》与《采薇》更是通篇围绕着觅食来写：

> 他于是回想当年的食物，熊是只吃四个掌，驼留峰，其余的就都赏给使女和家将们。后来大动物射完了，就吃野猪兔山鸡；射法又高强，要多少有多少。“唉，”他不觉叹息，“我的箭法真太巧妙了，竟射得遍地精光。那时谁料到只剩下乌鸦做菜……。”（《奔月》）

> 他们从此天天采薇菜。先前是叔齐一个人去采，伯夷煮；后来伯夷觉得身体健壮了一些，也出去采了。做法也多起来：薇汤，薇羹，薇酱，清炖薇，原汤焖薇芽，生晒嫩薇叶……（《采薇》）

在《故事新编》里，食物成了时间单位：“约有烙三百五十二张大饼的工夫”（《采薇》）；“经过了煮熟一锅小米的时光”（《铸剑》）。食物又成了货币单位：《奔月》里老婆子要后羿赔十五个炊饼，后羿只愿出五个，最后好容易砍价砍到十个。《出关》里因为优待老作家，老子的稿酬有十五个饽饽，否则只有十个了。《非攻》里说定给阿廉一千盆粟米的，却只给五百盆。因为少了，所以走了。《故事新编》里讨价还价的情形还真不少，而且都用吃的来定价。

《狂人日记》将中国五千年历史归结为“吃人”二字，而《故事新编》里给置换成“吃饭”，鲁迅对历史的看法从早期的“峻急”转变为晚年的“通脱”。曾经多次说自己“想玩玩”的鲁迅，终于在生命的最后阶段，集中地以一系列“大话”文本，将世界/历史把玩于股掌之上，像史上的大哲一样，尝大欢喜，得大自在。

八　鲁迅的生态学

一、一个系统的透支

鲁迅是一位生态哲学家，或者说，一位环境思想家。听上去很奇怪是吗？那我们就来读他的《故事新编》吧。

《采薇》写伯夷、叔齐的故事。他俩义不食周粟，隐于首阳山，采薇而食，终至饿死。鲁迅将《史记·伯夷列传》上的寥寥几句敷衍成篇，加了许多想象，写他俩到了首阳山，一座好山，既不高，又不深，新叶嫩碧，土地金黄，是理想的幽栖之所，虽然山下就是人家，可吃的野果一颗也找不到，茯苓、苍术之类也没有，但好在有薇菜："他们从此天天采薇菜。先前是叔齐一个人去采，伯夷煮；

后来伯夷觉得身体健壮了一些，也出去采了。做法也多起来：薇汤，薇羹，薇酱，清炖薇，原汤焖薇芽，生晒嫩薇叶……”好一场物质的盛宴。然而——

> 然而近地的薇菜，却渐渐的采完，虽然留着根，一时也很难生长，每天非走远路不可了。搬了几回家，后来还是一样的结果。而且新住处也逐渐的难找了起来，因为既要薇菜多，又要溪水近，这样的便当之处，在首阳山上实在也不可多得的。

> 伯夷和叔齐也在一天一天的瘦下去了。……所苦的是薇菜也已经逐渐的减少，每天要找一捧，总得费许多力，走许多路。

我们读出了什么？难道不是一个原初的生态系统因为人类活动的过度而逐步透支的寓言吗？在郭沫若赞美烟囱是黑色牡丹，是二十世纪的名花、近世文明的严母时，鲁迅已经意识到人类的环境支撑问题。在鲁迅写作《采薇》的1935年，英国学者坦斯利（A. G. Tansley）首次提出了生态系统（ecosystem）的概念。在一个生态系统中，物种与环境、物种与物种之间相互联系，通过物质交换和能量交换，达致动态的平衡。但外来的干扰一旦超过了生态系统自我调节的能力，平衡即被打破，导致机制退化，难以修复。首阳山的生态环境本来薄弱，物种多样性也谈不上（野果、茯苓、苍术皆无），生产者少而消费者众，有山下的人家，还有鹿，再加上伯夷和叔齐，他们的薇菜大餐持续不下去是可以肯定的。

二、“我的箭法真太巧妙了”

《采薇》事实上只不过提供了一个小小的采样。鲁迅的生态学思考，早在1926年的《奔月》中就有了丰富而深刻的表现。

从天上射落九个太阳的伟大的后羿，在《奔月》里被刻画成一个专看老婆脸色行事的猥琐男，每天都穷于揾食，骑马百十里地去打猎，射到一只鸡都心花怒放，只因为嫦娥不喝鸡汤已经一年多了，老是吃乌鸦炸酱面。面临的问题跟伯夷、叔齐一样：近处的已经完了，“每天非走远路不可了”。

从前不是这样的。当嫦娥竖眉痛斥自己的背运，又赌气不吃晚饭之后，后羿坐到她旁边的木榻上，手摩着脱毛的旧豹皮，说出一番痛自反思的话来：

> “唉，”他和蔼地说，“这西山的文豹，还是我们结婚以前射得的，那时多么好看，全体黄金光。”他于是回想当年的食物，熊是只吃四个掌，驼留峰，其余的就都赏给使女和家将们。后来大动物射完了，就吃野猪兔山鸡；射法又高强，要多少有多少。“唉，”他不觉叹息，“我的箭法真太巧妙了，竟射得遍地精光。那时谁料到只剩下乌鸦做菜……。”

何止射法高强，箭法巧妙，装备的精良也不能不提——

> 对面墙上挂着的彤弓，彤矢，卢弓，卢矢，弩机，长剑，短剑，便都在昏暗的灯光中出现。羿看了一眼，就低了头，叹一口气；……

火力配置实在太强，以至于射一只麻雀也没有小一点的箭头，只能射成全都粉碎了的“一团糟”。艾瑞克·弗洛姆（Erich Fromm）在《希望的革命：走向人性化的技术》中说，人们如果知道现代技术朝向什么方向发展，就会打断这一发展。但如果对此毫无意识而任其发展，就会有被惊醒的时候，且发现厄运已不可逆转。

后羿大概被惊醒了。当嫦娥终于忍受不了，吃下灵药飞升之后，他在房里转了几个圈子——

走到堂前，坐下，仰头看着对面壁上的彤弓，彤矢，卢弓，卢矢，弩机，长剑，短剑，想了些时……。

后羿在想什么呢？鲁迅曾说自己一生的失计，在历来并不为自己打算，因为那时预计是活不久的。后羿现在“弊病百出，十分无聊”，也是因为长远的欠打算吧。“他回忆当年的封豕是多么大，远远望去就像一坐小土冈，如果那时不去射杀它，留到现在，足可以吃半年，又何用天天愁饭菜。还有长蛇，也可以做羹喝……”当年射杀封豕长蛇的丰功伟绩，彤弓彤矢卢弓卢矢的奇巧淫技和坚船利炮，如今仅仅成了嘲弄其颟顸和愚蠢的荒唐的把柄。

后羿的“逞能”，在在显示人类中心主义的狂悖。他无所不能，无所不为，最终却将与自己一味需索的自然同归于尽。鲁迅天才地预见了白茫茫大地真干净的末日景象，而且将这一终局归因于不加节制和约束的人类欲望。

三、核心就是个“吃”

我曾经说过，《故事新编》是俗到骨子里去的，“吃”在其中具有核心的意义。“《狂人日记》将中国五千年历史归结为‘吃人’二字，而《故事新编》里给置换成‘吃饭’，鲁迅对历史的看法从早期的‘峻急’转变为晚年的‘通脱’。”“通脱”便有精神的余裕来游戏文章。早期的作品里，“吃”还只是日常的需要。《阿Q正传》第五章，主人公遇见了“生计问题”，“第一倒是肚子饿”，所以要出门去“求食”，奢望的不是黄酒馒头，只是静修庵里的萝卜。《社戏》里大伙儿夜里偷来乌油油的罗汉豆煮了吃，也是因为饿了，连馋都算不上。可是从《补天》开始，鲁迅就有了对人之贪婪穷形尽相的刻画。他写女娲倒下后的人类的行径：

> 他们左边一柄黄斧头，右边一柄黑斧头，后面一柄极大极古的大纛，躲躲闪闪的攻到女娲死尸的旁

边，却并不见有什么动静。他们就在死尸的肚皮上扎了寨，因为这一处最膏腴，他们检选这些事是很伶俐的。

从此，“吃”的欲望在《故事新编》的各篇中开始突现了，如《奔月》的乌鸦炸酱面和炊饼，《出关》里的饽饽，《非攻》里的粟米，连《起死》里也还有斤半白糖、二斤南枣。英雄们纷纷杀价或被杀价，都用了食物做单位。只不过这种讨价还价，尚属于人们相互之间打压和约束欲望。若是不受约束地面对大自然，那就尽管像从前的后羿那样去糟蹋好了。

这种牢不可拔的“吃”的欲望，在《理水》的汤汤洪水中，固然体现为富翁筵席上的清炖鱼翅和凉拌海参，也尤其表现为下民们总有法子想，拿水苔做“滑溜翡翠汤”，榆叶做“一品当朝羹”。这都是素餐馆里的素鸡素鹅之类，知他心里仍有鸡呀鹅的在。后羿哪怕嫦娥奔月了，也还惦记着“赶快去做一盘辣子鸡，烙五斤饼来”。像伯夷、叔齐这样没有豪奢的可能者，有了点“捞儿”也不遑多让：“薇汤，薇羹，薇酱，清炖薇，原汤焖薇芽，生晒嫩薇叶……”这样的穷铺张里，透出潜意识深处的贪婪与挥霍。而他们的死，到底也还是因为他们的贪。《采薇》最后，阿金姐说：

“老天爷的心肠是顶好的，”她说。“他看见他们的撒赖，快要饿死了，就吩咐母鹿，用它的奶去喂他们。您瞧，这不是顶好的福气吗？用不着种地，用不着砍柴，只要坐着，就天天有鹿奶自己送到你嘴里来。可是贱骨头不识抬举，那老三，他叫什么呀，得步进步，喝鹿奶还不够了。他喝着鹿奶，心里想，‘这鹿有这么胖，杀它来吃，味道一定是不坏的。’一面就慢慢的伸开臂膊，要去拿石片。可不知道鹿是通灵的东西，它已经知道了人的心思，立刻一溜烟逃走了。老天爷也讨厌他们的贪嘴，叫母鹿从此不要去。您瞧，他们还不只好饿死吗？那里是为了我的话，倒是为了自己的贪心，贪嘴呵！……”

四、从中兴到末路

《非攻》里的墨子对公输般说：“有利于人的，就是巧，就是好，不利于人的，就是拙，也就是坏的。”（《墨子》原文："故所为功，利于人谓之巧，不利于人谓之拙。"）这话在传统伦理学中是成立的，但现在听起来却有人类中心主义之嫌。《沙乡年鉴》的作者奥尔多·利奥波德（Aldo Leopold）1949年提出了一种新的"大地伦理学"（land ethics）。他认为应该扩大共同体的边界，不只有人，而且动物与植物、土和大气和水，都应包括在内。人与这一共同体其他成员的关系，是一损俱损，一荣俱荣："如果一件事有益于保护生物共同体的完整、稳定和美丽时，它是正确的；如果相反，它就是错误的。"墨子的话应该这样改写了。后羿不懂得这个道理，所以从走运渐渐走到了末路：

> "今天总还要算运气的，居然猎到一只麻雀。这是远绕了三十里路才找到的。……明天我想起得早些。……我准备再远走五十里，看看可有些獐子兔子。……但是，怕也难。当我射封豕长蛇的时候，野兽是那么多。你还该记得罢，丈母的门前就常有黑熊走过，叫我去射了好几回……。谁料到现在竟至于精光的呢。想起来，真不知道将来怎么过日子。"

这不是生态灾难又是什么呢?《理水》中的灾民代表，都还懂得一个可持续发展的生态学原理："剥树皮不可剥光，要留下一道，那么，明年春天树枝梢还是长叶子，有收成。"伯夷、叔齐采薇菜也不忘"留着根"。这是古老的智慧。《礼记·月令》里的孟春之月，"禁止伐木。毋覆巢。毋杀孩虫、胎、夭、飞鸟。毋麛。毋卵"。《孟子》也说："数罟不入洿池"，"斧斤以时入山林"。《舌尖上的中国》第一集《自然的馈赠》讲查干湖冰下捕鱼，也引过郭尔罗斯蒙古族的一句话："猎杀不绝"。然而人类却是后羿式"得步进步"地赶尽杀绝。《奔月》里是文豹和黑熊，《理水》中则有巡按大员的"舱里铺着熊皮，豹皮，还挂着几副弩箭"。鲁迅预见了人的主体无限膨胀所导致的遍地精光。后羿跑了两百里地，只听得一片"鸦雀无声"。

《非攻》里有对比强烈的两幅图景："楚有云梦，满是犀兕麋鹿，江汉里的鱼鳖鼋鼍之多，那里都赛不过，宋却是所谓连雉兔鲫鱼也没有的……楚有长松文梓楩木豫章，宋却没有大树。"是宋国从来如此贫瘠吗？估计鲁迅不会这样看。河南可是古代出大象的地方。所以，非关自然的先天禀赋，应该是后天人类活动频繁造成的结果吧。1930年的《〈进化和退化〉小引》一文，说明鲁迅的环境思想一向很成熟，而且并不完全是我们从他的小说中读出来的东西。在这篇为周建人辑译的生物科学文集所写的小序中，鲁迅痛惜于我们中国人生息于自然中，却未尝加意研究自然大法。他说：

> 沙漠之逐渐南徙，营养之已难支持，都是中国人极重要，极切身的问题，倘不解决，所得的将是一个灭亡的结局。可以解中国古史难以探索的原因，可以破中国人最能耐苦的谬说，还不过是副次的收获罢了。林木伐尽，水泽湮枯，将来的一滴水，将和血液等价，倘这事能为现在和将来的青年所记忆，那么，这书所得的酬报，也就非常之大了。

“将来的一滴水，将和血液等价”，这在今天已成共识，但那是差不多一百年前说的这个话。鲁迅的敏感与博识真不可及。在《不知肉味和不知水味》中他也写道：“听说在阿拉伯，有些地方，水已经是宝贝，为了喝水，要用血去换。”如今已发展到湄公河流域和恒河流域都要与上游争水了。

但在鲁迅，还真是形象大于思想。比如这一段话中，

“营养之已难支持”的问题，已有《奔月》和《采薇》更直观且透辟的描绘。“中国人最能耐苦的谬说”，出自《理水》一位大员之口则越发荒悖：“百姓都很老实，他们是过惯了的。禀大人，他们都是以善于吃苦，驰名世界的人们。”一部《故事新编》，涉及环境的退化和生态系统失衡的重大问题，还可以细细寻绎出人与动物和植物之间的环境伦理关系，隐含或表现出技术批判、欲望批判以至于人类中心主义批判。从那一副副游戏笔墨，我们其实可以走很远，因为在他那个时代，鲁迅的思想与观念已经走了很远很远。

九　鲁迅的生命困局

鲁迅对《列子·说符》中的一个故事一定感受强烈，他两次引用了其中的谚语，“察见渊鱼者不祥，智料隐匿者有殃”，似乎在这句话中窥知了自己的命运：

晋国苦盗。有郄雍者，能视盗之貌，察其眉睫之间，而得其情。晋侯使视盗，千百无遗一焉。晋侯大喜，告赵文子曰：“吾得一人，而一国盗为尽矣，奚用多为？”文子曰：“吾君恃伺察而得盗，盗不尽矣，且郄雍必不得其死焉。”俄而群盗谋曰：“吾所穷者郄雍也。”遂共盗而残之。晋侯闻而大骇，立召文子而告之曰：“果如子言，郄雍死矣！然取盗何方？”文子

> 曰："周谚有言：'察见渊鱼者不祥，智料隐匿者有殃。'且君欲无盗，莫若举贤而任之，使教明于上，化行于下，民有耻心，则何盗之为？"于是用随会知政，而群盗奔秦焉。

鲁迅是一个煞风景的人。面对新生儿，他不是恭喜升官发财，而是说将来是要死的。他老是看穿假面下的真实，甚至"于天上看见深渊"。他一辈子都是一个睁了眼看的人："真的猛士，敢于直面惨淡的人生，敢于正视淋漓的鲜血。这是怎样的哀痛者和幸福者？"（《记念刘和珍君》）为什么幸福？因为他看见了真相。为什么哀痛？因为他看见了真相。

他也知道自己这毛病不好："我看事情太仔细，一仔细，即多疑虑……"（《两地书》1925年3月31日）"我的习性不大好，每不肯相信表面上的事情……"（《两地书》1925年4月8日）"向来，我总不相信国粹家道德家之类的痛哭流涕是真心，即使眼角上确有珠泪横流，也须检查他手巾上可浸着辣椒水或生姜汁。"（《马上支日记》）

这就是"察见渊鱼""智料隐匿"。鲁迅有一种不可遏制的冲动，去看人生，看社会，看历史，看神圣的观念，看一切的一切，一切背后的一切。在《淡淡的血痕中》，他连用了“洞见”“正视”“看透”，这些都是“察”，一系列“看”的同义词。鲁迅的目光如此具有穿透力，他看穿了世人种种“揩油”“吃教”的行径；他戳破了中国人的才子佳人的大团圆想象和十全大补的幻觉自欺；他洞悉“凶兽和羊”两种人之外，还有一种卑怯的国民，“对于羊显凶兽相，对于凶兽则显羊相”；他清楚那些“无特操”的“做戏的虚无党”；他预见“黄金世界”里也会有叛徒给处死；他察觉“革命文学”的本质是“新装瓶里的酸酒，红纸包里的烂肉”；他认定所谓“太平世界”事实上是晒滤掉“记忆”的、对苦难视而不见的悲惨世界。总之，他“自在暗中，看一切暗”。

但是，“察见渊鱼者不祥，智料隐匿者有殃”，所以鲁迅很苦。《淡淡的血痕中》的五百字里，重复了七个“苦”字：造物主“暗暗地使人类受苦，却不敢使人类永远记得”，“用时光来冲淡苦痛和血痕；日日斟出一杯微甘的苦酒”，“人们都在其间咀嚼着人我的渺茫的悲苦。……而且悚息着静待新的悲苦的到来”，而真的猛士要“记得一切深广和久远的苦痛”。这不是陶渊明说的“人生实难”，而是他《希望》感叹的“可惨的人生”。

结果便是“不祥”和“有殃”。在“自啮其身”的一生了结之后：“我梦见自己死在道路上。这是那里，我怎么到这里来，怎么死的，这些事我全不明白。总之，待到我自己知道已经死掉的时候，就已经死在那里了。”《死后》里的这番话，看上去是调侃，其实惊心动魄。这就叫“不得其死”呀！“不得其死”并非横死，而是生无立身之所，死无葬身之地，所以才会死在不知什么时候的时候，不知什么地方的地方。这地方就是“无地之地”。

我们要注意鲁迅最奇特的否定性表达。他的作品中充斥着否定和否定之否定。他把意义相悖的词放在一起，在相互否定中表达出了单个的词所难以表达出的意思。“无地之地”，这是既非黑暗也非光明而且也不是两者的调和物的两间之所在。在鲁迅，这样的思维已经形成了定势，在悖论的旋涡里相互否定，相互缠绕，彼此撕裂，永无宁日。

因此，彻底理解鲁迅是不可能的，你会掉进一个悖论的旋涡，这是读者的大不幸。没有语言来做成他存在的家，鲁迅时时流露出某种无根的漂泊之感。《祝福》中的“我”说：“虽说故乡，然而已没有家，所以只得暂寓在鲁四老爷的宅子里。……于是不多久，我便一个人剩在书房里。”鲁迅是被“剩”在“无地之地”的人，没有了家，只能不断地走，短暂的落脚点并不是永久的故乡，也不是心灵的故乡了。

回得去的故乡不是故乡。在鲁迅那里，形成不了真正的陈述，因为所有的陈述相互否定，对立的共存中充满紧张。他无法给自己的活法一个说法，怎么说都是矛盾、悖论和冲突。陈述本身成了“我在陈述”的意义，走本身成了“我在走”的意义。《野草》中，充满了典型的存在主义式的追问：我从哪里来？我是谁？我要到哪里去？而鲁迅的“不祥”在于，他对于这一切，全然没有答案：“从我还能记得的时候起，我就只一个人。我不知道我本来叫什么。”“从那里来的呢？”“到那里去么？”“我不知道。”（《过客》）“这是那里，我怎么到这里来，怎么死的，这些事我全不明白。”（《死后》）鲁迅于是陷入一个两难的境地，不上，不下，不明，不暗，不走，不留：“我却总是既不安乐，也不灭亡地不上不下地生活下来，都不能副任何一面的期望。”（《死后》）“然而黑暗又会吞并我，然而光明又会使我消失。”（《影的告别》）“携带你去”，“那么，我将烧完！”“将你留下”，“那么，我将冻灭了！”（《死火》）

于是鲁迅“有殃”。人虽生而自由，却又时时在逃避自由。人生就是在寻找依托也就是锁链的过程当中，希望获得一种观念，一种身份，一种关于自我的叙述，好在其中安心且立命。但是鲁迅并不寻求在任何名词观念上给自己安生，他因为揭破了一切虚妄的迷雾，拆解了每一个可能的遮蔽之物，抽空了一切常人赖以栖息的观念之支撑，结果，他抽空了自己的存在。这就是他的宿命：“有一游魂，化为长蛇，口有毒牙。不以啮人，自啮其身，终以陨颠。”（《墓碣文》）顾随说得好：“如《在酒楼上》，真是砍头扛枷，死不饶人，一凉到底。……不但无温情，而且是冷酷。”而鲁迅就是不给自己留任何余地，不给自己找遁词，不为自己留退路。

中国文人的思维定势，总是“举世皆浊我独清，众人皆醉我独醒”，总是把自己从他所指控的罪恶中摘出。鲁迅不然，他在四千年吃人的筵席上看到了自己也有一份，在其中混了多少年，不知不觉中也可能吃下了亲人的肉。“有四千年吃人履历的我”，这就是鲁迅为中国人找到的“原罪”：吃人的历史我们人人有份。

那么，孩子总是无辜的吧？鲁迅也说要“救救孩子”，这说明还有“希望”。可是他后来发现，连孩子也是不可信的，不可救的，人类遗传的力量是可怕的："最小的一个正玩着一片干芦叶，这时便向空中一挥，仿佛一柄钢刀，大声说道：'杀！'"（《颓败线的颤动》）"想起来真觉得有些奇怪。我到你这里来时，街上看见一个很小的小孩，拿了一片芦叶指着我道：杀！他还不很能走路……。"（《孤独者》）

未来是不可预期，不能指望的。鲁迅很早就把中国人的历史归结为两个时代，乱世固然"想做奴隶而不得"，治世也不过是"暂时做稳了奴隶"（《灯下漫笔》）。魔鬼战胜天神，人类战胜魔鬼，"人类于是完全掌握了主宰地狱的大威权，那威棱且在魔鬼以上"（《失掉的好地狱》）。总之，休想指望未来的"黄金世界"。

那么回去吧。我们的黄金世界是在童年，一切失去了的美好都在那。但鲁迅说，过去是会欺骗你的，回忆是靠不住的。记忆中故乡的美味，罗汉豆啊，茭白啊，这些会哄骗一生的思乡的蛊惑，待到回去的时候却全都变了味道。"阿！这不是我二十年来时时记得的故乡？我所记得的故乡全不如此。我的故乡好得多了。但要我记起他的美丽，说出他的佳处来，却又没有影像，没有言辞了。"（《故乡》）

最后，连同情也是“放鬼债的资本”（《铸剑》）。最后的最后，连爱也是不必感激、不可回报，甚至可以诅咒的：“爱人赠我玫瑰花；回她什么：赤练蛇。”（《我的失恋》）“况且这太多的好意，我没法感激。”“你不要这么感激，这于你没有好处。”“我怕我会这样：倘使我得到了谁的布施，我就要像兀鹰看见死尸一样，在四近徘徊，祝愿她的灭亡，给我亲自看见；或者咒诅她以外的一切全都灭亡，连我自己，因为我就应该得到咒诅。”（《过客》）

总之，无法寄希望于未来、回忆、同情，或者爱。鲁迅把自己倒逼到一个“无地之地”，找不到任何可以躲避自我追杀的地方。这个对中国人失掉了希望、对中国的历史黑暗面看得太多的人，虽然在死后获得了圣人般的盛名，但活着的时候却比谁都糟糕。亲爱的母亲赠给他不要的礼物，而婚姻的不幸，又加上兄弟的反目。内心的创伤不断，身体的病痛也一直伴随着他。他不喜欢大团圆的结局，上天也给不了他大团圆。这是一个漏洞百出的一生。只能一直走，走向绝望，而绝望和希望一样虚妄。

鲁迅留给自己的，最后只有死亡的快意了。所以他会说：“我对于这死亡有大欢喜。”他是把死亡视为对生命的复仇，对苦痛和无聊的复仇。与其偷生在一个不明不暗的暗夜里，徘徊在野花与荒坟之间，还不如奋力一搏，“奋然向西”：“我只得由我来肉薄这空虚中的暗夜了，纵使寻不到身外的青春，也总得自己来一掷我身中的迟暮。”（《希望》）“过客向野地里跄踉地闯进去，夜色跟在他后面。”（《过客》）

“夜色”显然是死亡的阴影，“向西”的路是朝向死亡的路，而死亡是接近巅峰时刻的生命。在《复仇》中，人们用充满活力与情欲之温热的身体，互相蛊惑，煽动，牵引，希求偎倚，接吻，拥抱，“以得生命的沉酣的大欢喜”；但死亡使人呼吸冰冷，嘴唇淡白，却更能“得到生命的飞扬的极致的大欢喜”。这两种大欢喜，生命的沉酣的大欢喜，与死亡给予生命的飞扬的极致的大欢喜，一个下沉，一个上扬，其间差异就像《雪》中“江南的雪”与“朔方的雪”。“江南的雪，可是滋润美艳之至了；那是还在隐约着的青春的消息，是极壮健的处子的皮肤。”处子的皮肤，以及后文的冬花，采花的蜜蜂，都有性的暗示，是生命的沉酣的大欢喜的写照。“但是，朔方的雪花在纷飞之后，却永远如粉，如沙……在晴天之下，旋风忽来，便蓬勃地奋飞，在日光中灿灿地生光，如包藏火焰的大雾，旋转而且升腾，弥漫太空，使太空旋转而且升腾地闪烁。”这是决疣溃痈的一刻，是大痛楚与大欢喜结合的痛快淋漓。“他即沉酣于大欢喜和大悲悯中”，然后是痉挛的死亡，“他腹部波动了，悲悯和咒诅的痛楚的波”。（《复仇》其二）

生为痛苦，死为痛快。这样一个精进于地上的生命的人，曾自拟为“沾水小蜂，只在泥土上爬来爬去”，濡沫于可怜的人间世，也有庄子之龟曳尾涂中的影子。但鲁迅与庄子的“养生”和列子的“贵生”格格不入，因为他俩对生命都看得太重。鲁迅到底还是认同佛家的生死观，而在佛家看来，身体的形质不过是粗糙的存在。1934年，鲁迅应日僧眉山之请写字，就写了《金刚经》中的一句：“如露复如电”。两年后鲁迅去世，死时体重只有七十六斤。没有人死得比他更少。

十　鲁迅的话语困境

在鲁迅一生的言说中，有一个自相缠绕的悖论，这就是《野草》开宗明义的一句话："当我沉默着的时候，我觉得充实；我将开口，同时感到空虚。"他曾经说自己思想上"也何尝不中些庄周韩非的毒"（《写在〈坟〉后面》），至少在言说的问题上，鲁迅确实继承了庄子和韩非子对于语言的不信任。就言说者而论，庄子一直认为"可以言论者，物之粗也"（《庄子·秋水》），所以他一针见血地点破："言无言。终身言，未尝言；终身不言，未尝不言"（《庄子·寓言》）。当这个世界不足与言的时候，他欣赏那种干脆"销""沉"下去的人："自埋于民，自藏于畔。其声销，其志无穷。其口虽言，其心未尝言。

方且与世违，而心不屑与之俱，是陆沉者也”（《庄子·则阳》）。就言说的对象而论，五四时代所要启蒙的众庶，未尝不等同于韩非子打算劝谕的独夫：“度量虽正，未必听也；义理虽全，未必用也”，“以智说愚，必不听”，“至言忤于耳而倒于心”（《韩非子·难言》）。怎么说都不对头，可真是难说得很呢！

然而鲁迅的使命是言说。不得不说，不能不说。用陆兴华最简赅的说法那就是：“他是通过语言来对付别的通过语言而存在的东西的”。在《鲁迅总是我的鲁迅，我的鲁迅是这样的鲁迅》一文中，他写道：

> 苦难是说不出的，无法与人交流的，说得出来的，已不是苦难了，列维纳说。尤其是无法用现成习语（les idioms existants）来说出它的，利奥塔说。奥斯维辛之后，所有的西方思想语汇都不够来说出这种比死亡更可怕的苦难了，它存在于现有的语汇和语义之外，阿多诺说。鲁迅一定是与阿多诺有着同感，坚认他当时手里的语言是决计说不出这种苦难的，他必须努力去锻造一种新的语言，用一种“清白”的语言来说出我们这个民族的新旧苦难。

列维纳说，利奥塔说，阿多诺说，三说恰好构成鲁迅的言说之难。

一、不可说与非常道

在《我要骗人》一文里，鲁迅认为“永无披沥真实的心的时光”，因为真实是不能够说的，是会致爱我者于死的。《伤逝》典型地表现了这一披沥真心的危害：

> 我不应该将真实说给子君，我们相爱过，我应该永久奉献她我的说谎。如果真实可以宝贵，这在子君就不该是一个沉重的空虚。谎语当然也是一个空虚，然而临末，至多也不过这样地沉重。

> 我要向着新的生路跨进第一步去，我要将真实深深地藏在心的创伤中，默默地前行，用遗忘和说谎做我的前导……。

在《祝福》里，祥林嫂问“我”死后有没有灵魂，

“我”支吾以对；而在《我要骗人》里，鲁迅却说：“倘使我那八十岁的母亲，问我天国是否真有，我大约是会毫不踌躇，答道真的有罢。”此即《立论》之难：

“说要死的必然，说富贵的许谎。但说谎的得好报，说必然的遭打。你……”

“我愿意既不谎人，也不遭打。那么，老师，我得怎么说呢?”

“那么，你得说：‘啊呀！这孩子呵！您瞧！多么……。阿唷！哈哈！Hehe！he，hehehehe！’”

最后这种无意义的声音，便是聒噪。《求乞者》的乞讨声让他烦腻，也因为聒噪。《聪明人和傻子和奴才》里奴才莲花落式的诉苦，聒噪之至。但鲁迅对于话语的滥用，不是冷嘲，而是热讽，如《故事新编》里的《起死》，庄子的喋喋不休，有着《大话西游》里罗家英的烦死人和周星驰的无厘头。聒噪是语言的垃圾的任意堆集，这垃圾漫天漂浮着，形成了对言说的本质的彻底消解。所以他才会在《狗·猫·鼠》里赞扬动物不像人，对就对，错就错，不喜欢噜苏，做作，说空话。

对言说一直满腹狐疑的鲁迅，敏感于、警惕于自己的言说混入一切“现成习语”。他怕就怕自己所说的其实并非自己真实的心声，而是别人说过了的话，甚至说油了的话。《呐喊·自序》集中表达了他对“言不由衷”的过敏，甚至从根本上否定了言说的意义。他说自己“已经并非一个切迫而不能已于言的人了”，至于“大嚷起来”，将铁屋子里的沉睡者“惊起”，也未必对得起他们。关键的问题是，开口未必是发自内心的愿望，而是屈就他人所说的套话：

> 但既然是呐喊，则当然须听将令的了，所以我往往不恤用了曲笔，在《药》的瑜儿的坟上平空添上一个花环，在《明天》里也不叙单四嫂子竟没有做到看见儿子的梦，因为那时的主将是不主张消极的。

但人云亦云在鲁迅看来，是一种严重的不道德。从某种意义上讲，鲁迅未必不算儒家的信徒。他一开始就主张人要有“执”与“信”（《破恶声论》），讲话要“披沥真实的心”，这同儒家的某些信条很一致，比如“正心诚意”，比如“修辞立其诚”。“呐喊”“当然须听将令”，这就有违于鲁迅一贯坚持的原则，即《文化偏至论》一再提到的，“思想行为，必以己为中枢，亦以己为终极，即立我性为绝对之自由者也”。“于客观之习惯，无所言从，或不置重，而以自有之主观世界为至高之标准而已。以是之故，则思虑动作，咸离外物，独往来于自心之天地。”无论这异己的声音是来自封建话语，还是启蒙话语，抑或革命话语，皆应“无所言从，或不置重”。一旦顺应了异己的话语，则有“做戏的虚无党”之嫌，就成了作者“给与烦腻，疑心，憎恶”的《求乞者》：

> 一个孩子向我求乞，也穿着夹衣，也不见得悲戚，而拦着磕头，追着哀呼。

> 一个孩子向我求乞，也穿着夹衣，也不见得悲戚，但是哑的，摊开手，装着手势。

鲁迅在《〈阿Q正传〉的成因》里说，自己的呐喊只不过是“想给人们添些热闹”，是“想到他们为张罗生意起见”，暂时给人借用的。而在《答有恒先生》中，鲁迅觉得当年“救救孩子”之类四平八稳的议论现在听上去

“空空洞洞”，所以他试图撇清自己与既得利益了的五四主流启蒙者的关系。其《自选集·自序》有云：“然而我那时对于文学革命，其实并没有怎样的热情。”1925年11月所进行的《热风》的编辑工作，正透露了他此时的意向：他将写于1919年的“随感录”第三十九至第六十六，全都“误编”入1918年。以鲁迅的精细，这错误不可能发生。他显然是故意的。

可是世界上的一切，非得用“现成习语”来说不可。鲁迅对自己的声音里听出他人“现成”的声音具有神经质的敏感。《伤逝》里提到，强不说以为说的言说，不可信而且难堪：

> 我知道我近来的超过她的冷漠，已经引起她的忧疑来，只得也勉力谈笑，想给她一点慰藉。然而我的笑貌一上脸，我的话一出口，却即刻变为空虚，这空虚又即刻发生反响，回向我的耳目里，给我一个难堪的恶毒的冷嘲。

> 我和她闲谈，故意地引起我们的往事，提到文艺，于是涉及外国的文人，文人的作品：《诺拉》，

> 《海的女人》。称扬诺拉的果决……。也还是去年在会馆的破屋里讲过的那些话，但现在已经变成空虚，从我的嘴传入自己的耳中，时时疑心有一个隐形的坏孩子，在背后恶意地刻毒地学舌。

穆旦《诗八首》里同样写道："我和你谈话，相信你，爱你，／这时候就听见我底主暗笑。"求乞也好，求爱也好，你简直无法躲开他人"现成习语"天然设置的陷阱。

所以，要说的总是"存在于现有的语汇和语义之外"，这正是薛毅在《无词的言语——论〈野草〉》一文里提到的鲁迅的话语困境：既然"话语与写作主体呈鲜明的异己性对立"，那么"表达的似乎永远在表达之外"。"鲁迅明示着，那种统一在'呐喊'之内的所有表达与他自有的'确信'是不一样的，前者异于己而后者不能表达，只能'沉默'。"[①]鲁迅在《怎么写（夜记之一）》（1927）里，也讲到过这种用言语之手总是够不着的那种焦虑和窘迫：

① 薛毅：《无词的言语——论〈野草〉》，见《无词的言语》，学林出版社，1996年，第3、4页。

> 这时，我曾经想要写，但是不能写，无从写。

> 我想接近它，但我愈想，它却愈渺茫了，几乎就要发见仅只我独自倚着石栏，此外一无所有。必须待到我忘了努力，才又感到淡淡的哀愁。

现在，“现有的语汇和语义”“都不够说出”，也都不能说出要说的，所以哈姆雷特最后的话是：The rest is silence，剩下的只有沉默。

陷在“沉默”与“开口”的互相缠绕的悖论里，鲁迅的言说总是充满了苦涩的自嘲。古来哲人常为此一“开口”与“沉默”的两难所困，而不得不“开口”的行为总是授人以柄。老子说“道可道，非常道”，但还是道了五千言。庄子不相信知识的可靠性，但还是用了几十篇文字要人“知”。既然“已经并非一个切迫而不能已于言的人了”，鲁迅宁愿选择沉默。“我想着我将用什么方法求乞：发声，用怎样声调？装哑，用怎样手势？……我将得不到布施，得不到布施心；我将得到自居于布施之上者的烦腻，疑心，憎恶。我将用无所为和沉默求乞……我至少将得到虚无。”此即《伤逝》所谓“用真实去换来的虚空存在”，这比用语言的垃圾填满人我之间的开阔地带要好。

但是，沉默的世界是黑暗的世界，而人必得生存在穆旦《诗八首》所谓“用言语所能照明的世界里”，因为“那未成形的黑暗是可怕的”。因此，鲁迅终得“开口”。

二、当一切重新命名

现成的语言是不够用了，所以陆兴华说鲁迅“他必须努力去锻造一种新的语言，用一种‘清白’的语言来说出我们这个民族的新旧苦难”。我倾向于同时使用“清白”和“浑沌”两个界定语。“新的语言”是“清白”的，因为它必须像“影子”一样，不沾黑暗，滤尽了“庄周韩非的毒”；又不染光明，脱去许诺中未来的“黄金世界”的虚浮。它要“惟陈言之务去”，与作为“现成习语”的封建话语、启蒙话语、革命话语等等划清界限。用闻一多对中国新诗的期许来说就是：“新诗径直是‘新’的，不但新于中国固有的诗，而且新于西方固有的诗。”[1]凡是固有

① 闻一多：《〈女神〉之地方色彩》，见《闻一多全集》第2卷，湖北人民出版社，1993年，第118页。

的都已经不够用，不能用了。

但“新的语言”怎么出来？又不能生造，只能“像擦银器一样把汉语擦亮”。这是陆兴华的说法。他还说：

> 鲁迅在《野草》里是要用这种新的语法潜力将汉语的所指重新semantization〔语义化〕，对一切重新命名，赋予其性别，给新汉语补上它的图式，这就像电脑里的字库，画图所备的色库。但这种semantization其实无法“创新”，只能用隐喻来移置，还得求助于原有的汉语的cosmogony，基本神话素等等。鲁迅想甩开它们也难，因为决跳不出这种cosmogony。

cosmogony，宇宙发生学，这个词在鲁迅1907年所写的《人之历史》里就用过，用的是德文的kosmogonie[①]。因为这种起源性质的东西，甩不开，跳不出，所以只有像“吸星大法”那样吸收进来。郜元宝谈到鲁迅的智慧与语言的具体性时，说：

---

① 在1973年版的《鲁迅全集》中是准确的kosmogonie，到1981年版中，却误植为kosmogenie了。

> 他虽然自谦所创造的是一种“四不像的白话”，实际却达到了抒情、状物和说理透明无碍的“白描”境界。僵硬的概念消融于随物赋形、自然生长的语言，消融于“直语其事实法则”的直接的“说”。鲁迅的文体清明确凿，始终保持着一种“精悍的语气”，同时又把现代汉语在其造山过程中经历的各层次各要素大度包容，在现代著作史上独一无二。[①]

郜元宝的造山过程，也就是陆兴华说的天体演变过程。鲁迅的写作成了一种“全息”式的写作，企图总是以部分来包含全体。单以《野草》来说，它融诗、戏剧、寓言于一炉，结果成了一个新汉语的“黑洞”。这就像《红楼梦》集诗、词、曲、赋、对联、灯谜、酒令等中国文体之大成，也像乔伊斯的《尤利西斯》集古今英语各种文体之大全。只有最具野心的作家才这么会做，而鲁迅具体而微地这么做了。

陆兴华用“清白”，郜元宝也用了“清明”，来形容鲁

① 郜元宝：《鲁迅六讲》，上海三联书店，2000年，第161页。

迅为我们锻造的语言的“新”。这是现代汉语与前身告别的曈昽时分，暗昧而混沌，一如“吸星”的“黑洞”。比如《野草》，那种语言简直使我们无所适从。因为对言说如此戒惧，如此疑神疑鬼，鲁迅只好把自己的言说挪到一个几乎不可能的地方去，那地方叫“无地”，因为“黑暗会吞没我，而光明又会让我消逝”。薛毅说：

> 《野草》总是在表达的同时，又急忙用一种相反的表达否定前者，构成了词与词的紧张关系，句与句的紧张关系，段与段的紧张关系，相反的对立的力量被纳入到同一个言语空间，使之产生无尽的冲突和撕扯，“建立起一个不可能逻辑地解决的悖论的漩涡。”①

一个“吸星”的“黑洞”就是一个“悖论的漩涡”，鲁迅的表达只有在此“无地”才可容身：“在明与暗，生与死，过去与未来之际，献于友与仇，人与兽，爱者与不爱者之前”，“于一刹那间将一切并合：眷念与决绝，爱抚

---

① 薛毅：《无词的言语》，学林出版社，1996年，第8页。

与复仇，养育与歼除，祝福与咒诅……。她于是举两手尽量向天，口唇间漏出人与兽的，非人间所有，所以无词的言语。”而这种“一刹那间将一切并合”的元语言，可谓之混沌。

三、变形、换位与越轨

〔二十年前，写完以上文字，当即发给时在英国的陆兴华兄一阅。不久收到回邮，谢他小叩而大鸣，使我下学而上达。今撮录于后，以为此题之探赜研机也。〕

我只是拿鲁迅演证一些方法论思考，理论包抄还待深入，不过，哪怕我余生以研究哲学或语言学为饭碗，也得最终对鲁迅拿出说法，这不是个文学研究的问题，而是一个人在自己的母语的cosmogony中的思想和语言上的安顿。

你的关心，用我的语言表述出来是：《野草》是鲁迅在自认为找到或闯出了一种新的语言空间时的急切的试探。你说的画、音乐、雕塑等质感实际上可上升为word、 image（colour）、sound的三者的渗透，在当代是大问题，因为一旦数码化，它们是同一回事。你说的明暗或微妙是nuance，成色（度）或质感是音质或音色（或许还可以加上texture），两者是对word/image/sound的共同的测量标准。可能你已听我说过，利奥塔认为思想、诗、画、音乐都是在这两个标准下的。把母语用得像绘画或音乐一样充分地展现其明暗与成色，这本身就是思想，就是诗（散文），哪里还需外求，之外其实也什么思想和诗都没有了。诗、画、声、塑的共存和之间的transmutation（变形）或transposition（换位）在符号学里叫作模态转换，共存时叫作多重模态。你在谈的是《野草》的多重模态，我在下面说到它所体现的当时的新汉语的“宽带”。

《野草》我觉得是对一种新语言的各种新空间的实验性展示。一种语言还未被“文学”地用过，就用无数的隐喻来测试它（德里达：诗和思是对隐喻的隐喻的隐喻），就像我们买了汽车要测试其各种功能一样。一种新语言一定是（也只能）通过隐喻来扩容的。德里达的《论文字学》（又译《论书写学》里说到了很多，还说及了汉语在这方面的特殊性。

我说鲁迅在《野草》里要将汉语的所指重新semantization（语义化），但只能用隐喻来移置和扩容，跳不出原有的汉语的cosmogony，正如写音乐有了七音或五音才能写得好听，画色跳不出肉眼所限的光谱一样。新汉语我认为是对旧汉语的移置，不是革命或转型，我认为《野草》里新旧杂烩的成分很大。因为新汉语是一种“宽带”。照巴尔特的说法，新文学就是新汉语，新思想也就是新汉语。新汉语之于新文学，就像铀裂变带出了新能量发了电一样。像鲁迅这样的作家，不，任何一个能原创地运用母语的人，都在带动这样的裂变，甚至每一步都在引动这种裂变。这样的作家才能进入“文学”史：用革命性隐喻像擦银器一样把汉语的很多词擦亮了——这是尼采说的，《野草》正是这样做了的（《扎拉图如是说》与它很类似吧，如果对照一下徐梵澄的译文与《野草》有哪些风格上的亲和）。

巴尔特认为，文学是语言；只有语言，文学是依附在语言中的，文学是在语言中织语言；文学是一种“新”的说；挣脱了总是包裹着我们的各种旧有的神话和意识形态的“说”，才是文学；但这种新的“说”也仍是一种神话和意识形态。这是一种文学的语言决定论。但我现在只信这个。

拉康、福柯、利奥塔他们又都说到文学是在康德和萨德之间，道德与不道德之间穿梭，是一种故意的犯规和越轨。在语言中出格，像下棋一样每一步都改变整个语言的局面的行动就是文学。这都切合鲁迅所做的。

从法国传统这一眼光看去，我也认为不要单看鲁迅的一个作品，可以把同一个体裁里的很多个别作品混到一起看，这样，他的杂文也是“文学”的一部分了，是“文学”的政治-经济学部分，它也是对康德这一上限与萨德这一下限的践踏和触犯。他的确夹杂有文学之外的考虑，但这不损及他的文学，文学是可以这样多媒体、这样宽带的。他用文学来做很多别的事。文学就是可以这样的。它可以化在很多模态中。

我觉得，“传统文化”对于鲁迅是个虚的敌人，他真正搏斗着的是存在于他时代的语言里的那种被我们今天称作意识形态的东西。他是在他时代的语言里用这种语言跟这种语言里的东西作斗争。语言是他练拳的沙包和平台和对手。这与我们今天与我们时代的语言里的陈词滥调作斗争是一回事。鲁迅的敌人是存在于语言中的敌人，他的敌人是由字和词构成的。

围绕你的章节，我就说这么多了。另外，我前段时间对鲁迅的所有自序里的绍兴话成分作了追查，太惊人了。我有一些绍兴话的越语thesaurus之类，如有疑问，我可帮你查对。绍兴话和日语散文两个因素你要当心，我们可以问，将这两个成分除开，鲁迅散文中还有哪些创新的句法构形。

兴华

2003年11月13日

十一　鲁迅与胡适的语文观

历史总是充满了诡谲。1949年以后，鲁迅与胡适在中国的政治命运真可用坠茵落溷一词来形容，但是在语文领域，两人的影响却完全颠倒了过来。鲁迅那种以一当十的表达方式一直没有什么市场，因为我们全都变成了胡适的信徒，说一不二。结果，如我曾经感叹过的，我们的文字一点儿都不复杂，也一点儿都不困难；我们的文学则充斥着只有史料价值而没有艺术价值的语言硬面饽饽，抒发空洞政治热情的情感膨化食品，以及表达肤浅生活哲理的思想方便面。追根溯源，在白话文运动的两位最重要的作者身上，已经预设了现代汉语未来的走向。就像鲁迅与胡适儿时都背得烂熟的《幼学琼林》开篇的几句话："混沌初开，乾坤始奠，气之轻清上浮者为天，气之重浊下凝者为地。”在那个现代汉语鸿蒙初辟的时分，轻清上浮的胡适，重浊下凝的鲁迅，用各自不同的写作为此后的中国语文示范了两条路数。

罗兰·巴尔特在《写作的零度》中，比较了两种不同的语文形态。他说：

> 古典艺术不可能被理解作一种语言，它就是语言，即透明性、无沉积的流通性，以及一种普遍精神和一种无厚质、无职责的装饰性记号在观念上的汇聚。这种语言的界域是社会性的，而非天然的。我们知道，大约在十八世纪末，这种语言的透明性遇到了麻烦。文学形式发展了一种独立于其机制和其和谐性的第二性能，它使人入迷、困惑、陶醉，它有了一种“重量”。人们不再把文学看成一种具有特殊社会性的流通方式，而是看作一种自身一致、深刻和充满隐秘的语言；它既被看作梦一样的东西，又被看作威胁性的表现。[1]

---

① 罗兰·巴尔特：《写作的零度》，见《符号学原理——结构主义文学理论文选》，李幼燕译，生活·读书·新知三联书店，1988年，第65页。

这一段话，用来说明胡适与鲁迅的语文观之异是非常恰切的。

一、“妙有分二气”

胡适的文字清通之至，是一环扣一环的语意链，意念先后有序，字句由显在的因果关系所制约，连因为中文语法天然的灵活性而常有的成分的省略也付之阙如，属于一种典型的关系性的语言机制，一种连续体。比如他1921年的诗《希望》：

> 我从山中来，带着兰花草，种在小园中，希望开花好。一日望三回，望到花时过；急坏看花人，苞也无一个。眼见秋天到，移花供在家；明年春风回，祝汝满盆花！

鲁迅的语言却极为简劲，充满了断裂、褶皱和浓缩的阴影，充满了内在的紧张。他重视每个字的力量甚于一个个字连起来所传达的意义。他打碎了语言的意义的链条，把声音和色彩填入字词，让意义沉淀在字词的底部，使它们简直负荷过重。时间的线性中断了，字词在同一的空间里并置且陡立，脱离了逻辑关系的束缚：

> 在我的后园，可以看见墙外有两株树，一株是枣树，还有一株也是枣树。

正常的表达，显然是“在我的后园，可以看见墙外有两株枣树”。张闳将这一假定的常态句设为句子B，设《秋夜》里的反常表达为句子A，而加以评析道：

> 句子B为简单陈述句，它直接通知事实，并且简洁明了，清晰流畅。句子A却不是对事实的简单通知，相反，它在一定程度上阻碍了通知的直捷性，句子A的后半部分所出现的语义链的延宕和扭曲，成为“通知”的一个障碍，并且，遏止和破坏了读者对语义发展的期待。语义阻滞的句法功能，无疑会有一种诗学上的效果，因为从一定意义上说，“诗就是受阻的、扭曲的语言”（什克洛夫斯基）。

通过这种“延宕”和“扭曲”，“遏止”和“破坏”，鲁迅给我们一个诡异的世界，设下圈套，藏着危机，“令人迷惑，出人意料，并且，因带有一种强制的重复性而令人不适”①。

我们经常领教鲁迅文句的反复，超长的反复，固执地越过了读者的生理心理底线的反复。而这也许正是《野草》独语气质的最好证明：

> 她赤身露体地，石像似的站在荒野的中央，于一刹那间照见过往的一切：饥饿，苦痛，惊异，羞辱，欢欣，于是发抖；害苦，委屈，带累，于是痉挛；杀，于是平静。……又于一刹那间将一切并合：眷念与决绝，爱抚与复仇，养育与歼除，祝福与咒诅……。（《颓败线的颤动》）

> 他在手足的痛楚中，玩味着可悯的人们的钉杀神之子的悲哀和可咒诅的人们要钉杀神之子，而神之子

① 张闳：《释〈秋夜〉》，见《声音的诗学》，中国人民大学出版社，2003年，第45—46页。

就要被钉杀了的欢喜。（《复仇》其二）

日日斟出一杯微甘的苦酒，不太少，不太多，以能微醉为度，递给人间，使饮者可以哭，可以歌，也如醒，也如醉，若有知，若无知，也欲死，也欲生。（《淡淡的血痕中》）

胡适与鲁迅的文体，一则具有古典主义的清晰和秩序，一则具有现代诗语的晦涩与奇崛。这正与二位对待过往文学的不同好恶相一致。

胡适属于典型的白话“原教旨主义者”，只能欣赏一清如水的文字，任何带点不明因素的文字都招他嫌恶。他反对用典，反对骈文与律诗。他说，“律诗是条死路”，“骈文与律诗正是同等的怪现状”。在他看来，“《秋兴八首》传诵后世，其实也都是一些难懂的诗谜。这些诗全无文学的价值，只是一些失败的诗玩意儿而已”[①]。

鲁迅不然。夏济安就说过：“他虽然极端反对旧中国

① 胡适：《白话文学史》，见《胡适文集》第4卷，人民文学出版社，1998年，第247页。

和中国古书，有时却也能全心浸淫在因袭传统的，晦涩的中国古诗中。”“其实他在传统诗的格律限制下，非但不十分不快，有时倒觉得是一种达成目的的满足。他喜欢恰当的字眼和贴切的句子；喜欢删节和裁减字句；喜欢用巧妙的典故；喜欢用对比和并举的手法令人感到惊异；也喜欢依诗文的韵律与形式而调度自己的情感；他也可能感到好好地完成一件工作时，那种秘密的欣慰，和对于心仪已久的大师们的作品模效成功时的一份自豪。”[①]所以我们不会奇怪，为什么鲁迅最喜欢的诗人是李贺。而李贺的诗，讥评者说是“有山节藻棁而无梁栋”（李东阳《麓堂诗话》），好评者也说“少加以理，奴仆命骚可也”（杜牧《李贺集序》）。

二、“新人不如故”

两人的公众角色和自我定位不一样。

陆兴华在《鲁迅总是我的鲁迅，我的鲁迅是这样的鲁

① 夏济安：《鲁迅作品的黑暗面》，见《夏济安选集》，辽宁教育出版社，2001年，第17—18页。

迅》里说："我认为，鲁迅是汉语里有文字以来最丰满、最深刻的prose作家。他是二十世纪中国最好的作家，是那个世纪里的汉语的最好的守护人和最强势的使用者。他是汉语里的福楼拜。"我们知道，罗兰·巴尔特《写作的零度》讲现代诗语与古典语言的分殊，就是始于福楼拜。陆兴华又说："如果只认鲁迅是福楼拜，那么我是将他看作一个将他那一时代的人相信已重新锻造的那种汉语使用得很原创，汉语在他手里成了他的带着全部个人独特性（idiosyncrasy）的个人的idioms（习语）的作者。他力排流行滥调，将那时代的汉语当作音符谱出了他独有的那种风格的音乐，并压倒性地从他的同行中胜出。"

郜元宝曾经专文讨论过胡适与鲁迅的文体之异。他说：

> 胡鲁文体不同效果，首先渊于语言的深层结构。"胡适之体"是语言绝对地归顺于逻辑，"鲁迅风"则是逻辑寓于语言之中，化为语言的肌理，语言既丝丝入扣，逻辑更不可抵挡。……胡适的语言总是跟着逻辑跑，从逻辑的中心向外扩张，遂成为"外发"的（Expressive）。鲁迅则语言之外无逻辑，逻辑即语言，

语言即逻辑，这就属于“内涵”的（Impressive）。[①]

他认为，对于胡适而言，其逻辑、理念、思想框架之类，总是“先在”的，即先于语言而存在的。鲁迅文章的逻辑并无这样的优先性，它是直接从语言中生长出来的。陆兴华则说：

> 我这等于是要求大家将鲁迅的话语体裁（genres de discours）和句子配方（regimes des phrases）定为隐喻句、虚构作品，而不是知识句、伦理句、命题式真理。也就是说，我们必须预先承认，哪怕是要来言说真理、思想和精神时，他也是用一个句子去粘住另一个句子，用一个隐喻来点明另一个隐喻的，**而不是先有一种思想**，再用他的那种风格的句子来包装、来展示，来做成药丸的。

胡适的文章偏偏都是“知识句、伦理句、命题式真理”。他的文本总是弄得很平滑，很透明，因为他在传布

① 郜元宝：《鲁迅六讲》，上海三联书店，2000年，第79—80页。

“启蒙”思想，必须尽可能消泯意义在传导过程中出现的模糊和阻塞。他的写作，是一个思想者在使用着文字，而“思想消耗的感情、欲望、心理能量最少，是一种耐久的节能的知觉活动”，陆兴华说，“而鲁迅的思想活动是介入的，是耗能的，是‘战斗’的，是‘现实主义’的”。从最早的文字活动就可以见出二人的分歧。1908年胡适在上海编《竞业旬报》，宗旨是“向大众灌输新思想”；而鲁迅1907年在东京想办《新生》，“第一要著，是在改变他们的精神”。“思想”和“精神”固有异也，一则为大脑，一则为心灵也。

夏济安把鲁迅放到五四启蒙思想者的行列中加以品评：

> 诚然，若以五四运动为揭櫫除旧布新的普及运动，则鲁迅并非代表人物。他所代表的应是新与旧的冲突及其他超越历史的更深的矛盾。他从没有达到同代的二位作家，胡适和周作人所享受的宁静境界，但他的天才很可能比他们高。[①]

① 夏济安：《鲁迅作品的黑暗面》，第27页。

五四运动的真正代表应该是胡适，但林毓生说得很对："胡适虽然温文尔雅，但思想深度不够。在某种意义上，他内在的才智和精神都不足以使他胜任文化领袖的地位去对付当时中国社会因面临各方面的危机而产生的空前困难和复杂的社会文化问题。只因当时中国出现了文化解体，急需填补这种文化'真空'，所以那些简单的、能回答一切问题的答案，便显得引人注目了。"[①]胡适受之于杜威的思想，只是处理一般的人与社会问题，具有高度的简约性和概括性，几乎总是"以自明真理的形态出现"，这也导致了胡适整个的清浅有余，厚重不足。他天真地认为凡事都有解决的办法，而鲁迅却经常会起"真是无法可想"之叹。胡适又显然是个性善论者，对人性的恶缺乏体认，看不到"黑暗面"，也与鲁迅恰恰处在两个极端。

胡适总是那么潇洒、光鲜、公允、持平，连与人争论也是十足的绅士风度。然而鲁迅活得累，囚首垢面，一生失计。胡适占据着启蒙的思想高地，执掌着话语的权力，真理在手，成竹在胸，是一个从"新大陆"学成、悟得而

① 林毓生：《中国意识的危机》，穆善培译，贵州人民出版社，1988年，第150页。

归来的彻底的“新”人。鲁迅呢，是从“旧营垒”出来的反戈者，“自己却正苦于背了这些古老的灵魂，摆脱不开，时常感到一种使人气闷的沉重”（《写在〈坟〉后面》）。“我自己总觉得我的灵魂里有毒气和鬼气，我极憎恶他，想除去他，而不能。”（1924年9月24日致李秉中信）鲁迅从不否认自己内心的黑暗成分。夏济安于是说：

> 他的问题比他同代作家所碰到的更复杂，更迫人；从这方面来说他才是那充满问题、矛盾和不安的时代的真正代表。把他归入一种运动，派给他一个角色，或把他放在某一个方向里都不啻是牺牲个人的天才而赞扬历史粗枝大叶的泛论。到底鲁迅所处的时代，即使把它当作一个过渡时期看，是什么样的时代呢？用光明与黑暗等对比的隐喻永远不能使人完全了解它，因为其中还有一些有趣的，介乎明暗之间深浅不同的灰色。天未明时有幢幢的鬼影，阴森的细语和其他飘忽的幻象。这些东西在不耐烦地等待黎明时极易被忽视。①

---

① 夏济安：《鲁迅作品的黑暗面》，见第28页。

但胡适是全然的光明。他相信自己代表了先进文化的发展方向，他相信鬼只在别人那里，自己绝不会受到纠缠。危害中国的有贫穷、愚昧、贪污等“五鬼”，两千年的思想文艺里有“群鬼”，今天还有反科学的“玄学鬼”。而他的任务是“打鬼”：“我披肝沥胆地奉告人们：只为我十分相信‘烂纸堆’里有无数无数老鬼，能吃人，能迷人，害人的厉害胜过柏斯德（Pasteur）发现的种种病菌，只为我自己自信，虽然不能杀菌，却颇能‘捉妖’，‘打鬼’。”[①]鲁迅却不大会“十分”地信，也不大会“披肝沥胆”，或如他自己所说的，“披沥真实的心”。再说，鲁迅也不会写出“害人的厉害”和“我自己自信”这样糟糕的语句的。

① 胡适：《整理国故与“打鬼”——给浩徐先生信》，见《胡适文集》第3卷，人民文学出版社，1998年，第433页。

十二　鲁迅的旧诗

一、“此老固无所不能耶?”

林庚白《孑楼诗词话》有这样一则:

> 近见鲁迅吊丁玲绝句极佳，此老固无所不能耶?录以实吾诗话。诗云:“如磐夜气压重楼，剪柳春风导九秋。瑶瑟凝尘清怨绝，可怜无女耀高丘。”以谕工力，突过义山。

这位林庚白何许人也?他是南社的著名诗人，十几岁就参加了同盟会，二十二岁就代理过参议院秘书长。政治失意后专事于诗，曾放出狂言："十年前，郑孝胥今人第一，余居第二。若近数年，则尚论今古之诗，当推余第一，杜甫第二，孝胥不足道矣。"曹聚仁有一次在南社雅集演讲，说南社的诗文都是些龚自珍一路的，"林庚白便是活着的龚定庵"。林庚白大不高兴：李杜尚不在我心目中，哪里还有龚定庵？

这样一位狂人，对《狂人日记》作者的一首小诗，评价居然如此之高，我们要认真研究一下了。

如磐夜气压重楼，剪柳春风导九秋。
瑶瑟凝尘清怨绝，可怜无女耀高丘。

鲁迅这首《悼丁君》，是1933年6月28日所作，他误信了丁玲在上海被捕后旋被处决的谣传，愤而有作。那是写《为了忘却的记念》之后四个月，鲁迅处境凶险，心境灰恶，在给曹聚仁的信中说："近来的事，其实也未尝比明末更坏，不过交通既广，智识大增，所以手段也比较的绵密而且恶辣。"

"如磐夜气压重楼"，初稿原作"如磐遥夜拥重楼"，定稿改得好，更实在，也更有力度。鲁迅喜欢这个"如磬”的比喻，如《自题小像》的“风雨如磐暗故园”。“风雨如磐”是感觉的变形，但着一“压”字，便成了绝妙的词语的魔术：“如磐夜气压重楼”，“压”的既是“夜气”——“气压”本来就是现成的气象用语——也是磐石了。若作“如磐遥夜拥重楼”，就没了这个效果。词语之间的互相晕染可造成印象叠加，哪怕是虚拟的比喻，文本的事实可以是佛经里说的幻有，而幻有也是有，虽无实性，可造成的感觉绝不是虚的。

“剪柳春风导九秋”，借的是贺知章的“不知细叶谁裁出，二月春风似剪刀”。本来是带来生机的春风，却导引出肃杀的秋气。作此诗前十日，鲁迅致姚克信中说：“近来天气大不佳，难于行路，恐须蛰居若干时，故不能相见。”六月尚是“三春熯敷”，心里却是“九秋萧索”（谢灵运《善哉行》），而“九秋”对“重楼”，“九”也是与“重”一样的约数，属于避熟就生。“秋”“楼”押韵，中间借“柳”“九”穿引，听觉上也流转自如。

“瑶瑟凝尘清怨绝”，“瑶瑟”原作“湘瑟”，用湘灵鼓瑟的典，切湘女身份，因为丁玲是湖南临澧人。她以《莎菲女士的日记》登上文坛，被普遍看好为新一代女作家中的翘楚，文学前途正未可限量。“瑶瑟凝尘清怨绝”是人亡琴在、广陵散绝的意思。但“瑶瑟”音好，字形也好，且不用“湘瑟”也都知晓鼓瑟者为湘灵，是“苦调凄金石，清音入杳冥”的声音，即所谓“清怨”。写《省试湘灵鼓瑟》的钱起，另有“二十五弦弹夜月，不胜清怨却飞来”的诗句。

“可怜无女耀高丘”，语出屈原《离骚》的“朝吾将济于白水兮，登阆风而绁马。忽反顾以流涕兮，哀高丘之无女”。王逸《楚辞章句》注云：女以喻臣。佚女以喻贞贤。后人把她视为理想的化身，如歌德的“引我们上升”的“永恒之女性”。这一句诗，形象突出，音节浏亮。从“无”“女”的闭合，到“耀”“高”的畅放，诗的情绪也抵达了一个高潮。

鲁迅不怎么写旧体诗，连打油诗在内，也不过五六十首，全不当一回事。他甚至说，“我是散文式的人，任何中国诗人的诗，都不喜欢。只是年轻时较爱读唐朝李贺的诗。他的诗晦涩难懂，正因为难懂，才钦佩的。现在连对这位李君也不钦佩了”（1935年1月17日致山本初枝信）。但是，鲁迅精湛的旧学修养，使他一出手必不凡。林庚白竟然说这首小诗“以谕工力，突过义山”，真是极高的赞美。因为林氏自己的诗，简直就是“步玉溪后尘而已”

（郑逸梅语）。

“此老固无所不能耶？”林庚白简直不相信，鲁迅还有什么不能的。这首《悼丁君》，鲁迅手书，题赠陶轩，被沈尹默誉为鲁迅写得最好的一幅字，曾经借回家中挂了半个月。作为鲁迅的老朋友，当代的大书家，沈尹默面对墙上的这幅字，恐怕心里也在想：“此老固无所不能耶？”

二、《楚辞》作为密码本

鲁迅自小习诗。才八九岁的时候，祖父周福清从外地捎回家中一部木版的《唐宋诗醇》，里面夹了一张手笺，示诸孙以学诗门径：“初学先诵白居易诗，取其明白易晓，味淡而永。再诵陆游诗，志高词壮，且多越事。再诵苏诗，笔力雄健，词足达意。再诵李白诗，思致清逸。如杜之艰深，韩之奇崛，不能学亦不必学也。”但迅哥日后的文风和诗风，却不像白香山的语浅味淡、陆放翁的志高词壮、李青莲的思清致逸，反倒更接近杜甫的艰深，韩愈的奇崛。可鲁迅写诗不多，取径也不广，给他的诗以最深的影响的，不是唐宋诗人，而是屈原。

鲁迅分明偏爱屈赋，诗中有太多词语或象征都是从

《楚辞》中借来的。前述《悼丁君》一诗中的意象，如湘灵鼓瑟、高丘无女，都来自《楚辞》。好在《楚辞》“惊采绝艳”，是古典辞藻的一大渊薮，衣被词人非一代也，有人“猎其艳辞”，有人“拾其香草”，俗话说都叫薅其羊毛。鲁迅最喜欢在屈原身上薅毛。

三十年代鲁迅作诗的频率稍微高一些，而且大多是写给日本友人，都是楚骚的意象、意境、意旨。下面我们来看他的三首七绝。一首是《送O.E.君携兰归国》：

椒焚桂折佳人老，独托幽岩展素心。
岂惜芳馨遗远者，故乡如醉有荆榛。

此诗写赠的对象O.E.君，即日本商人小原荣次郎，在东京经营文玩和兰草。《鲁迅日记》1931年2月12日：“日本京华堂主人小原荣次郎君买兰将东归，为赋一绝句，书以赠之。”四句诗用了《楚辞》三处，即《离骚》的“杂申椒与菌桂兮，岂维纫夫蕙茝”，《九歌·山鬼》的“被石兰兮带杜衡，折芳馨兮遗所思”，《九歌·湘夫人》的“搴汀洲兮杜若，将以遗兮远者”。

彼时，鲁迅正挈妇将雏躲在日本人的花园庄旅馆里，而四五天前，殷夫、柔石等五位青年作家在龙华被国民党秘密处决，鲁迅虽未得知，但对“椒焚桂折”的悲剧已有预感。“幽岩展素心”者，即空谷佳人，也即兰花。兰花芳馨如故，以之贻赠远方的客人，又有何可惜呢？只是举目四望，我的故乡荆天棘地，美好的事物越益稀少匮乏了。此诗写赠六天后，鲁迅致李秉中信中也说：“生丁此时此地，真如处荆棘中”，“时亦有意，去此危邦，而眷念旧乡，仍不能绝裾径去，野人怀土，小草恋山，亦可哀也”。

第二首是《无题》，是写给郁达夫的，《鲁迅日记》1932年12月31日有记（与原稿文字稍有出入）：

> 洞庭木落楚天高，眉黛猩红涴战袍。
> 泽畔有人吟不得，秋波渺渺失离骚。

又是连用了《楚辞》多处。首尾两句用《九歌·湘夫人》的“袅袅兮秋风，洞庭波兮木叶下”，第三句用《渔父》的“屈原既放，游于江潭，行吟泽畔”。但整首诗的主旨的确难解。涴（wò）是沾染。李煜词有“杯深旋被香醪涴”，苏轼词有“素面翻嫌粉涴”。但“战袍”是谁的呢？我还是倾向于此诗与郁达夫和王映霞的情事有关，也与后来写的七律《阻郁达夫移家杭州》命意相似。“眉黛猩红”总以指代女子的美貌为宜，“战袍”则是期许郁达夫作为左联成员和中国自由运动大同盟的发起人不忘其应有的身份。“曾惊秋肃临天下，敢遣春温上笔端”，正是需要搏杀的时候，岂可因儿女情长，而致风云气短呢？

这样一来，纵有怨愤如屈子，也无法吟唱出《离骚》，只为秋波那一转转没了魂儿了。“秋波渺渺”双关洞庭的水波与女子的眼波。此诗亦庄亦谐，对老朋友开玩笑说别因为艳妻丧失了斗志，也郑重地劝导他广阔天地大有作为。“平楚日和憎健翮，小山香满蔽高岑”，意谓小日子过得快活，翅膀会退化，心志会矮化。这话，郁达夫听是听不进去，但懂还是懂的。他日后称这首诗为鲁迅七绝中的压卷之作，定是别有一番滋味在心头。

再说，这首诗是和“无情未必真豪杰，怜子如何不丈夫”的《答客诮》同时写给郁达夫的。一首讲自己疼儿子，一首讲朋友疼媳妇，恰好是个对称。《答客诮》是抄旧作，这首《无题》却是新写的，所以还是初稿，“木落”原作“浩荡”，“猩”原作“心”，“不得”原作“亦险”。跟《悼丁君》一样，初稿跟定稿有异文，可见鲁迅的小诗是随口吟出，信手写来。回头再想起，于义未安处，便改几个字。这种即兴的写作方式，最好有一个烂熟于心的密码本。而对于鲁迅来说，《楚辞》就是这样一个称手的本子。

第三首《无题》，也是整个儿寄存在《离骚》上面的：

> 一支清采妥湘灵，九畹贞风慰独醒。
> 无奈终输萧艾密，却成迁客播芳馨。

据《鲁迅日记》1933年11月27日云："午后得河内信，为土屋文明氏书一笺云：一支清采……。即作书寄山本夫人。"土屋文明（1890—1990）是日本诗人，著名的《万叶集》研究者。此诗是鲁迅应其学生山本初枝之请托，写给时在东京并未谋面的土屋文明的。另有一纸，写：

> 春兰兮秋菊，长无绝兮终古
> 录楚辞
> 鲁迅在上海

春兰秋菊，鲁迅上一年书赠沈松泉的《偶成》就已经用到："所恨芳林寥落甚，春兰秋菊不同时。"而这首书赠土屋文明的《无题》，四句亦全用《楚辞》，如《离骚》的

“余既滋兰之九畹兮，又树蕙之百亩”与“兰芷变而不芳兮……今直为此萧艾也”，以及《渔父》的“众人皆醉而我独醒”。诗意不可甚解，也不必强为之解，大约同于屈子的阴阳失位之悲、众芳芜秽之叹。

三、精算师才是魔术师

鲁迅的七律《自嘲》太有名了，可是大家都去注意其思想内容了，反而不大留心它的语言技巧：

运交华盖欲何求，未敢翻身已碰头。
破帽遮颜过闹市，漏船载酒泛中流。
横眉冷对千夫指，俯首甘为孺子牛。
躲进小楼成一统，管他冬夏与春秋。

全诗意象，十分统一。“翻身”“碰头”“横眉”“俯首”，语语不离身上、头上。“华盖”“破帽”，有“遮”之用。最后一“躲”，完成了对自身的保护，强化了与外界的隔绝，当然，这是表层的意思，显然是反讽性的。颈联尤为名句，“横眉”是水平的状态，“俯首”是上下的动作。“千夫指”“孺子牛”对得更讲究。《汉书·王嘉传》：“里谚曰：千人所指，无病而死。”“指”当然是动词，但有名词义。“孺子牛”出《左传》“哀公六年”，齐景公尝衔绳做牛状，使小儿牵之。小儿顿地，故折其齿。鲁迅用“指”的名词义来与“牛”对，可称借对，其实也就是假性对仗。这首七律写来很随意，据《鲁迅日记》1932年10月12日，所谓“达夫赏饭，闲人打油，偷得半联，凑成一律”，并书一条幅送给了柳亚子。柳氏平生作诗七千，对鲁迅却心服口服：“论才低首拜斯人。”在柳亚子眼中，这“才”当然首先指诗才。

陈散原是鲁迅的故交陈衡恪的尊人，他有一个论诗的观点，我觉得可移评鲁迅的旧诗：“务约旨敛气，洗汰常语，一归于新隽密栗，综贯故实，色采丰缛，中藏余味孤韵，别成其体，诚有如退之所谓能自树立不因循者也。”（《顾印伯诗集序》）鲁迅不多的律绝，正是“约旨敛气”“新隽密栗”之作。

“约旨”是指约束主旨，不使外露，也就是含蓄蕴藉，自掩其迹。今人为鲁迅诗作笺注，老是想句句落实。如那首《无题》，“一支清采妥湘灵”，说是写瞿秋白的。瞿秋白是江苏常州人，与“湘灵”有何干系？再说，把写瞿秋白的诗抄给日本歌人，沿《悼杨铨》的例，也应该题上《赠秋白》才是吧？写诗而曰“无题”，从来都是作者故意隐晦其辞，不愿明示其意，于是留下许多未定项与空白点，成为典型的“空框”结构，容得下多向度的解释。何况那首诗袭用了楚骚语汇，生成的意思就在楚骚中，已经完整具足、不假外求了。

“密栗”是指文章的修辞精约、肌理细腻、意脉深切，文本给人的感觉偏紧，而不是松松垮垮的。鲁迅的文风如顾随所说的“头紧脚紧”，无论白话还是文言，密度都很高。至于“新隽”，鲁迅的旧诗，受长吉影响，有定庵风格，因为二者都是从《楚辞》下来的。比如那首七绝，“一支清采妥湘灵，九畹贞风慰独醒”，“清采”少有人用，“贞风”也不经见，但“清贞”“风采”却是常语，给他这么一分一合，便成就了新隽的表达。“妥”是“安”的意思，这儿作使动用法，下字出奇，却也稳当。“无奈终输萧艾密，却成迁客播芳馨”，将表示迁徙流离的“播迁”一词拆开分置，意义藕断又丝连，效果严密而自然。

但鲁迅修辞精绝，不光是能“锤炼”，用字下语精切不移，而且也能“氤氲”，让这些字能在各自的位置上呼应和支持其他的字，洇染出整体的感觉。下面是鲁迅的一首《赠画师》：

风生白下千林暗，雾塞苍天百卉殚。
愿乞画家新意匠，只研朱墨作春山。

据《鲁迅日记》1933年1月26日云："为画师望月玉成君书一笺云：……。"白下乃南京别称。"风生白下"对"雾塞苍天"。"苍"指深青色，是实色，而"白"是虚色。虚实相对，"白"与"暗"又形成反差。但从事理上说，"暗"应从"雾塞苍天"来，而"殚"应从"风生白下"来，因为把林子遮暗的是雾，把花儿吹残的是风。那么，这样写好不好呢——

苍天雾塞千林暗，白下风生百卉殚。

不好。诗不是写了来专为合理的，而且也不是以句为单位的。诗人要堆出一些字来给你一个整体的感觉，却又不能乱堆，细部的笔触一点儿都不得有差池。此诗是赠画师的，便格外用心在设色上，"白""暗""苍""朱墨"，色彩丰缛得很。"暗"跟"白"能激出反差，跟"苍"就不行，就埋没在雾里了。

鲁迅用笔真是一丝不苟。他是精算师，也是魔术师。唯其精算，才成魔术。

四、现代旧诗的绝唱

曾惊秋肃临天下，敢遣春温上笔端。
尘海苍茫沉百感，金风萧瑟走千官。
老归大泽菰蒲尽，梦坠空云齿发寒。
竦听荒鸡偏阒寂，起看星斗正阑干。

这首《亥年残秋偶作》，是鲁迅诗的压卷之作，也是他平生所写的最后一首诗，写给挚友许寿裳。亥年即1935年，次年鲁迅去世，许寿裳作《怀旧》追思，说："去年我备了一张宣纸，请他写些旧作，不拘文言或白话，到今年七月一日，我们见面，他说去年的纸，已经写就，时正病卧在床，便命景宋检出给我，是一首《亥年残秋偶作》。"在《〈鲁迅旧体诗集〉跋》中，他又说——

此诗哀民生之憔悴，状心事之浩茫，感慨百端，

> 俯视一切，栖身无地，苦斗益坚，于悲凉孤寂中，寓熹微之希望焉。

那次见面，鲁迅的神色已经极为疲惫，不愿动弹，两只小腿“瘦得像败落的丝瓜”。但这个躯体的弱小，不害其内在精神的强大。此诗应许寿裳之请，郑重写出，几可视为鲁迅的遗嘱，所用心力也非平日酬人之作可比。其境界之开阔、气骨之沉雄、用语之密栗、属对之工切，都臻于极致。

“曾惊秋肃临天下”，发唱惊挺，而笼罩全篇。彼时日军开进山海关内，制造了“华北事件”，逼迫国民政府签订“何梅协定”，从京、冀、察撤走驻军和党政机构，人员纷纷南奔（“走千官”，似用杜甫诗《哀王孙》之“屋底达官走避胡”）。日本人预谋的所谓“华北自治”逐步成为事实，国土沦丧在即。鲁迅《摩罗诗力说》开篇就说：“人有读古国文化史者，循代而下，至于卷末，必凄以有所觉，如脱春温而入于秋肃，勾萌绝朕，枯槁在前，吾无以名，姑谓之萧条而止。”“秋肃”“春温”二词乃出此。秋风肃杀（《文选》李善注：“西方为秋而主金，故秋风曰金风也。”），尘海苍茫，国运枯槁，人心凄凉，不复有人间的温暖可言，令诗人百感交集，如老杜《羌村三首》所云“萧萧北风劲，抚事煎百虑”。

“老归大泽菰蒲尽，梦坠空云齿发寒”，两句都应是从自家着眼。“大泽”即可以归隐的江湖，本有菰米可以为食，蒲苇可以为席，但现在全都没了，纵然老去也无所依归了。我疑心这是反用杜牧《早雁》诗的末联“莫厌潇湘少人处，水多菰米岸莓苔”。这一句是设想未来，下一句则是回顾过去。“我在年青的时候也曾经做过许多梦”，现如今纷纷幻灭，仿佛从云端掉了下来，只引得齿冷发寒。这是《野草》里的现代人的寒冷。

“竦听荒鸡偏阒寂，起看星斗正阑干”，这个结尾与鲁迅《秋夜有感》（1934）的尾联相似而又不同：“中夜鸡鸣风雨集，起然烟卷觉新凉”，都有一个听的动作，和一个起身的姿势。不同的是，现在是“竦听”，也就是引领举足而听，可四下里一片阒寂，连鸡鸣也无，则闻鸡起舞也不可能了。“阑干”，纵横貌。王世贞诗：“仰看北斗正阑干，迹往虞来伤肺肝。”（《拟古歌二章赠吴明卿》）星斗横斜，是天快亮了吗？那就是“熹微之希望”之所在。

这首诗，不只感慨深沉，更是忧愤深广，真可谓“心事浩茫连广宇”，一如李贺的“心事如波涛”，龚自珍的“沉沉心事北南东”。但“心事”是虚的，托体于一系列意象才可感知，于是有“尘海”“金风”“大泽”“菰蒲”“空云”“齿发”“荒鸡”“星斗”等密集的意象，配合着各种身体感觉，如触觉上的“温”“寒”、听觉上的“阒寂”、视觉上的“阑干”，加上心理感觉上的“苍茫”“萧瑟”及“肃”“荒”，整个儿打成一片，既锤炼又氤氲。

形式上更是戛戛独造。此诗八句皆对，在七律中极为罕见。即使是锐意于七律变体与创格的老杜，也只有《登高》《宿府》《黄草》寥寥数首而已。因为一般来说，律诗中间两联要对仗，头尾两联宜散行，才可以化滞重为流走。通首作对，容易板结。鲁迅却喜欢铤而走险，如五律已有1931年的《无题》：

大野多钩棘，长天列战云。
几家春袅袅，万籁静愔愔。
下土惟秦醉，中流辍越吟。
风波一浩荡，花树已萧森。

七律更有这首《亥年残秋偶作》。可奇怪的是，此诗意象如此密集，感觉如此丰富，通篇读来，却凝重而能疏宕，顿挫而能流畅。是怎样造成这一奇效的呢？

试看全诗的动词，“临”“上”“沉”“走”“归”“坠”“竦听”“起看”，一个接一个，有的相对，有的相承，且各有各的方向：“临”“沉”“坠”是自上而下，“上”“竦”“起”是自下而上，中间的“走”“归”又是同一平面的移动。于是，八句诗中，大起大落，大开大合，既走云连风，又蓄素守中，张力遂无处不在，而能一气贯注。

尘海茫茫，官绅奔走；天枢悠悠，星斗阑干，乃同其运转于鲁迅的掌上，而成此绝唱。“此老固无所不能耶?”

后　记

从小我就生活在鲁迅的阴影里。我家最早是住在县城的图书馆后面，馆里有一间带会议桌的特藏室，小孩子有时进去捉迷藏。带玻璃门的书橱架上，有一套青灰书脊红字书名的《鲁迅全集》，想来是1956年出的十卷本。书不外借，在晦暗冷清里没挪过窝。有一天旁边却加进来好几本新书，都是同一种，枣红的封面上写着李白与什么。这是郭沫若拉李白和杜甫来给鲁迅作伴了。

上中学就开始吃鲁迅的苦头。最早学到的鲁迅的句子是他最差劲的句子："要榨出皮袍下面藏着的'小'来。"还念过《孔乙己》《故乡》和《祝福》。大学里对鲁迅没印象，回到老家教中学，吃苦变成了受难。那是二十世纪八十年代，大约老调子已经唱完，新曲子还没学会，让学生读鲁迅最是稳当，于是高中三年的语文课，独让鲁迅霸榜，小说从《药》《祝福》到《狂人日记》《阿Q正传》，散文从《〈呐喊〉自序》《范爱农》到《记念刘和珍君》《为了忘却的记念》，还有杂文的什么拿来主义呀、费厄泼赖呀、乏走狗呀、中国人失掉自信力了吗呀，最奇怪的是还有一篇《文学和出汗》。所谓语文课，无非是带学生跟鲁迅的句子缠斗不休："至于这一回在弹雨中互相救助虽殒身不恤的事实则更足为中国女子的勇毅虽遭阴谋秘计压抑至数千年而终于没有消亡的明证了。"鲁迅加了标点断了句，纯粹是为了换气。我吃力不讨好地满堂灌，总觉得有些单调，有些无聊。有一回，教育局来人听课，我正好讲《〈呐喊〉自序》。听完课大家都挺满意，但临走时建议我增加板书：你两堂课下来，黑板上就写了一个字——"梦"。

后来又去念硕士博士，以为终于可以敬而远之于他老人家了吧，谁知到了最后关口，大先生仍悠然点一支烟在等我。香港中文大学推行博士资格考试，考三门，每门二选一：《左传》与《汉书》，我选《左传》；《文选》与《古文辞类纂》，我选《文选》；鲁迅与沈从文，那我还能选谁呢？于是在左丘明、昭明太子与鲁迅之间折返跑了大半年。考鲁迅那场，有一道题我至今记忆犹新：“三一八惨案”中鲁迅都写过哪些文章？这些文章的风格如何？它们发表在哪些报刊上？报刊的主编是谁？鲁迅跟他们分别是怎样的关系？他们各自有怎样的政治主张或倾向？这应该是现已故世的黄继持教授出的卷子。他在我的导师黄维樑教授去美国客座的一年里，曾担任我的指导老师，是真正的鲁迅专家，编过《鲁迅卷》，写过《鲁迅与佛教》《鲁迅论天地鬼神》等文章，故我等以为冷门者，他只当常识，一点都没有为难各位的意思。

既然这样常识性的问题都难不倒我，世纪末来到浙大任教，我就为现当代文学硕士生开了一门鲁迅研究的课。从前都是被动应对，现在主动权在我了，我就挑我最喜欢的讲，把鲁迅研究变成了《野草》研究。陆陆续续写过十来万字的笔记，分许多专题，如《野草》的诗、思、史、私的几种读法，受佛经与《圣经》的影响，与美术与音乐的关系，等等，还将《野草》的文本与鲁迅的小说及杂文作了诗文互证。这一讲就讲了十来年，我早就想写一本关于《野草》的书，书名都想好了，叫《野草蒙拾》，套用王渔洋的《花草蒙拾》，也从“童蒙者拾其香草”而来。

但《野草》难读，进去了不容易出来，文字纠结，思想情感更纠结。最终我只成文三篇，前后却相隔了二十年。

后来不是光讲《野草》了，还讲一点《故事新编》，人便立即快活起来，写了两篇开心的文章。《故事新编》涉笔成趣，其思维是发散性的，好像星云，是气和尘埃吹成的扩散天体。而《野草》是内敛的，像超级致密的黑洞。《故事新编》的好处，鲁迅当年自己也拿不准。可是经过了《低俗小说》和《大话西游》的洗礼，我们终于懂了，比他还要懂。

如今不上鲁迅研究这门课已经有一些年头，《野草蒙拾》也写不出来了。我退而求其次，把二十年来所写的谈论鲁迅的文字找出来，合成一个集子。因为是单篇文章的结集，风格很不统一，有规范的论文，有散漫的随笔，其中《〈朝花夕拾〉导论》还是演讲的记录，对象是中学生。好在编排起来却发现，从《呐喊》到《彷徨》，从《朝花夕拾》到《故事新编》，从我认为最好的现代诗集《野草》到鲁迅的旧体诗，我居然曾经都谈了个遍，虽然往往只谈一个边一个角，印一本小书却可以成立了。虽然算不上十分正经的“鲁迅十二论”，但为图个方便，也就这么叫了。

鲁迅是我身上的病毒。我之所以读鲁迅，写鲁迅，只是因为我绕不开他。学要学他，教要教他，考还要考他。他的句子已经沉淀到我的骨子里，我差点儿就要接着写“我很想借此算是竦身一摇”了。但骨子里的东西是摇不脱的，因为我用的是现代汉语，而鲁迅是现代汉语的开山大宗师，我们思维和言说的运行程序的源代码是经过他修改了的。他把我们要说的话都抢先说光了，“我不相信”，“一无所有”，连恶搞和无厘头也被他早五十年就注册过了。所以，关于鲁迅，我还有什么好说的呢？不说了。

江弱水

2023年2月11日于旧县母岭